Ahmad Milad Karimi

Osama bin Laden schläft bei den Fischen

Ahmad Milad Karimi

Osama bin Laden schläft bei den Fischen

Warum ich gerne Muslim bin und wieso Marlon Brando viel damit zu tun hat

HERDER

FREIBURG · BASEL · WIEN

MIX
Papier aus verantwortungsvollen Quellen
FSC® C106847

www.herder.de

Satz: Barbara Herrmann, Freiburg
Herstellung: fgb · freiburger graphische betriebe
www.fgb.de
Printed in Germany

ISBN 978-3-451-30470-5

Für Mina und Nabi

Ich bin nicht vom Osten, nicht vom Westen,
Nicht von dieser, nicht von jener Welt.
Mein Ort: das Ortlose,
Meine Spur: das Spurlose;
Weder Leib bin ich noch Seele,
Denn ich gehöre dem Geliebten.

Maulana Rumi

Wenn jemand glaubt, meine Arbeit nicht ohne Bezug auf mein Leben verstehen zu können, dann will ich gerne auf die Frage eingehen. Ich wäre sogar bereit, sie zu beantworten, wenn ich sie für gerechtfertigt hielte. Da mein persönliches Leben nichts Interessantes enthält, verdient es auch nicht, dass ich daraus ein Geheimnis mache. Und folglich auch nicht, dass ich es öffentlich mache.

Michel Foucault

Inhalt

Vorspann

Was hat Marlon Brando mit mir als Muslim zu tun? Wäre Marlon Brando ein Schnabeltier, dann hätte man mit Umberto Eco sagen können, dass wir *nichts* miteinander zu tun haben.

1. Endstation Sehnsucht oder: Am Anfang war die Flucht

»*Und Er ist mit euch, wo ihr auch seid.*«
Koran (57:4)

Am Anfang war die Flucht; eine Flucht, die leise flüsterte und doch schamlos meine Kindheit ergriff. Plötzlich verflüchtigte sich diese, ohne Abschied zu nehmen; als wollte sie zurückkehren. Geblieben ist eine Ruine; namenlos, erfüllt von Erinnerungen, die Augenblick für Augenblick aus meinen Händen rinnen, um Vergangenheit zu sein; vergangen wie die letzten Verse eines Rilke-Gedichtes, die enden, um wiederholt zu werden, und immerfort. Jede Flucht ist Abschied und Neugeburt. So bin ich geboren in der Flucht – ohne Heimat. Ohne Heimat?

Wenn ich heute an meine Heimat denke, dann sehe ich einen Jungen. Er sitzt auf der Wiese vor einer kleinen Moschee im Herzen von Kabul und rezitiert laut den Koran. Es ist Krieg; überall lauert Gefahr. Doch der Koran verzaubert ihn. Er ist im Singen des Koran beheimatet. Ich sehe, wie er dort für immer bleiben möchte, um nicht auf dem Weg nach Hause von einer Rakete heimgesucht zu werden; aber die Rakete kann ihn ebenso gut hier treffen. Der Junge hat keine Heimat. Der Krieg hat sie ihm gestohlen; und die Flucht lehrt ihn, dass Heimat eine Illusion ist. Mit dreizehn Jahren fragte ich mich, was Heimat überhaupt sein soll, wenn sie doch Krieg ist.

Wer flüchtet, kann keinen Abschied nehmen. Wie sollte ich mich von meiner Familie und meinen Freunden verabschieden? Mit welchen Worten und welchem Versprechen? Ich habe mich von meiner Schule verabschiedet, indem ich mit meiner Handfläche die Wände und die Tafel des Klassenzimmers streichelte. Es war, als ob ich dort Spuren hinterlassen wollte; aber meine Hand trug die Spuren der Wände und der Kreide. Als ich aus der Schule trat, lief ich rückwärts, um die Schule im Gedächtnis zu verankern; bis es nicht mehr ging. Mein intimster Abschied war der von meinem Fußball. Vielleicht hätte Anne Frank verstanden, warum mich das so schmerzte. Als ich Jahre später ihr Tagebuch las, war sie mir sehr nahe; nur Flüchtlinge, so dachte ich, können heute nachempfinden, was es bedeutet, wenn Anne Frank am 20. Juni 1942 schreibt: »Juden müssen ihre Fahrräder abgeben.« Nicht bloß ein Gegenstand, die Würde wird weggenommen. Mein Fußball war nicht einmal neu, er hatte viel mitgemacht, die Vorstellung, dass ich ihn nicht mehr mit dem Fuß berühren würde, war mir unbegreiflich. Ich küsste ihn und ließ ihn rollen.

Mir wurde mein Geburtsort entrissen. Meine Heimat ist in mir begraben; ein gebeugter Baum, der sich jeden Herbst neu entblättert. Der Abschied endet nie. Das Entreißen und Entrissensein geht weiter. Niemals flüchten wir ganz. Ich ließ einen Teil von mir dort und nahm einen anderen Teil mit. Ich habe Kabul und mich selbst zerrissen. Das ist eine afghanische Geschichte; eine Geschichte von Zerrissenheit, Flucht, Brüchen. Und mitten darin ist mir dieser kleine Junge, der ich selbst war, verloren gegangen. Auch das gehört zu dieser Geschichte. Wo ist dieser kleine Junge heute, der mit zitternden Händen flüchtige Welten formen wollte, Welten aus Worten, die sich von rechts nach links fortbewegten, sinnlich und zerbrechlich zugleich, ein Flüchtling, der mit seinem suchenden Blick, atemlos, fremde Landschaften berührt? Die Flucht ist ohne Ort. Dieser Nichtort lässt den Flüchtling nicht los. Ich bleibe ein Zwischenweltler und fühle mich anderen Zwischenweltlern verbunden. Sind sie meine Heimat geworden?

Francis Ford Coppola wählte im zweiten Teil von *Der Pate (The Godfather)* für den neunjährigen Vito Corleone als ersten Aufenthalt nach dessen Flucht aus Sizilien die Quarantäne. Ein Raum, der sich zwar inmitten der Wirklichkeit befindet, aber von ihr getrennt ist, ein Nichtort eben, eine Zwischenwelt. Der kleine Vito, der bis dahin kein Wort gesprochen hat, sitzt in einem bescheidenen Zimmer auf einen Stuhl und blickt durch das Fenster auf die Freiheitsstatue, während er ein sizilianisches Lied singt. Spätestens jetzt, in dieser Zwischenwelt, wird ihm gewahr, dass er alles verloren hat, seine Eltern und Geschwister, seinen Namen und seinen Geburtsort. Er besingt teilnahmslos die neue, fremde Landschaft. Es ist ein bezauberndes Lied, wie es nur empfunden wird, wenn wir uns im Vertrauten beheimatet fühlen.

Unsere Flucht aus Afghanistan beschrieben mir meine Eltern wie ein Abenteuer; so fühlte es sich auch an. Am 2. August 1992 saßen wir – meine vierjährige Schwester, von meiner Mutter fest an die Brust gedrückt und zugleich meine Hand haltend, und mein Vater, der wie jeder andere Vater eine gelassene Miene zu machen versuchte – am Flughafen Kabul. Wir warteten auf unser Flugzeug und zitterten innerlich. Der Raketenangriff auf Kabul nahm kein Ende. Einer von so vielen. Tausende starben damals in Kabul, Hunderttausende waren auf der Flucht vor den sich bekämpfenden Mudschaheddin. Der Flughafen bebte. Einige Scheiben gingen zu Bruch. Die Gesichter meiner Eltern wurden immer bleicher. Ihre Stimmen zitterten bei dem Versuch, mich zu beruhigen; alles würde gut werden. Ich beobachtete, wie jede Familie, die an jenem Tag unser Schicksal teilte, von demselben Gefühl gefangen gehalten wurde; ein Gefühl, das sich nicht entscheiden konnte zwischen Hoffnung und Verzweiflung. Wir lächelten uns an, ohne ein Wort. Als nach einigen Stunden Ruhe eingekehrt war, erschienen zwei Männer und befahlen, dass wir mit unserem Gepäck zum Flugzeug rennen sollten. Wir rannten; mein Vater schaffte es, die beiden Koffer, die wir dabei hatten, im Flugzeug unterzubringen. In der Maschine herrschte Unruhe. In dem Augenblick, als sie sich in Bewegung setzte, begann ich, meine Lieblingsverse aus dem Koran zu rezitieren: »Und Er ist mit euch, wo ihr auch seid« *(Koran 57:4)*. Dabei blickte ich meine Eltern an und sah, dass auch sie aus dem Koran vor sich hin flüsterten. Wir sprachen nicht darüber. Aber wir hatten einen unsichtbaren Begleiter; seine Gegenwart berührte mein Herz. Mir war schlecht, ich konnte nicht gut atmen. Jahre später, als wir bereits in Deutschland angekommen waren, fühlte ich mich ertappt, als im Film *Der Drachenläufer* der Junge Amir auf der Flucht aus Afghanistan in einem düsteren

Panzer zu seinem Vater sagte: »Ich kann nicht richtig atmen, Bâba!« Sein Vater rät ihm, dass er an etwas anderes denken, dass er am besten ein Gedicht rezitieren solle. Um seinen inneren Drachen zu überwinden, trägt der Junge aus Kabul ein Gedicht von Rumi vor: »Wenn wir einschlafen, sind wir trunken von Ihm / Und wenn wir erwachen, sind wir in den Händen von Ihm / Wenn wir weinen, sind wir Seine Regenwolke / Und wenn wir lachen, so sind wir Seine Blitze / Wenn wir wütend sind und streiten, sind wir ein Bild Seiner Gewalt / Versöhnen wir uns und vergeben wir, dann sind wir ein Bild Seiner Barmherzigkeit / Wer sind wir in dieser diffizilen Welt?« Um diese Verse im Original zu lesen, habe ich die Nacht, nachdem ich *Der Drachenläufer* gesehen hatte, mit Rumi verbracht. In den Morgenstunden stieß ich endlich auf das Gedicht; beim Lesen weinte ich. Als Überschrift zum Gedicht bemerkt Rumi: »Dieses Gedicht ist eine Interpretation des Verses aus dem Koran: ›Und Er ist mit euch, wo ihr auch seid‹.«

Als wir in Neu-Delhi ankamen, wurde uns schnell klar, dass wir dort nicht lange bleiben könnten. Nicht nur erschreckte uns die missliche Situation der Flüchtlinge in Indien, auch stand die Entscheidung, oder sagen wir: der Wunsch meiner Eltern, fest, nach Deutschland zu gelangen. Deutschland war der Traum meines Vaters. Er besuchte die deutsch-afghanische Schule in Kabul, die er später leitete, und vor allem studierte er Anfang der Siebzigerjahre in München. Dies mag auch meine Zuneigung zum FC Bayern entschuldigen.

Als ich zum ersten Mal hörte, wir würden kein Visum für Deutschland erhalten, sondern könnten nur illegal dorthin kommen, begriff ich die volle Bedeutung der Illegalität, auf die wir zusteuerten, nicht. Meine Eltern waren in den nächsten Wochen damit beschäftigt, unsere Weiterreise zu organisieren. In Kabul waren sie mit dem einzigen Gedanken befasst gewesen, so schnell und so unauffällig wie nur möglich aus Afghanistan zu flüchten. Indien gehörte zu den ganz wenigen Ländern, die für besondere Fälle afghanischen Bürgern ein kurzfristiges Visum erteilten. Spätestens in Neu-Delhi dürften meine Eltern begriffen haben, dass sie Flüchtlinge waren und keine Auswanderer. Was uns unaufhörlich im Nacken saß, war die Unmöglichkeit, nach Kabul zurückzureisen. Mein Vater hätte das Land niemals verlassen dürfen, hatte er doch als Schulleiter ein öffentliches Amt inne. Bei allem Bemühen, nach Deutschland zu gelangen, mussten wir zugleich darauf achtgeben, nicht abgeschoben zu werden.

Was macht man nun, wenn man in Indien ist und illegal nach Deutschland einreisen möchte? Von einem Augenblick zum anderen befinden sich ehrliche Bürger mit ihrer ganzen Familie inmitten der Kriminalität. Bereits nach einer Woche kamen meine Eltern mit einem ehemaligen Schüler meines Vaters in Kontakt, der ein viel beachteter Mann geworden war: ein Schleuser. Ich erinnere mich an seine auffallend dünnen Beine, an seine braune Hose, an die feinen Gesichtszüge, seine klare, sanftmütige Stimme. Ziemlich untypisch für so einen Beruf schien er mir. Vertrauenswürdiger, vielleicht sogar »qualifizierter« wäre mir ein Charakter wie Luca Brasi erschienen, ein Mafia-Handlanger, jemand mit der unübersehbar brutalen Aura eines Berufsverbrechers.

Jedenfalls einigten sich meine Eltern mit dem Schleuser. Der Plan war, dass wir zunächst nach Moskau fliegen, zwei Wochen später nach Polen fahren und schließlich zu Fuß durch den Wald nach Deutschland laufen sollten. Das kostete pro Person mehrere Tausend Dollar. Das Geld mussten wir selbstverständlich im Voraus bezahlen. Sowohl in Moskau als auch in Polen würden uns Kontaktmänner empfangen, die für die Abwicklung der weiteren Reise verantwortlich sein sollten.

Nach vier Wochen in Indien flogen wir nach Moskau und verbrachten dort eine unruhige Nacht auf dem Flughafen – die Hotelbuchung, die uns die Schleuser für unsere erste Übernachtung in Moskau mitgegeben hatten, entpuppte sich als Fälschung. Erst am folgenden Tag wurden wir von einigen Männern abgeholt, die sich für unsere Übernachtung und Verpflegung zuständig erklärten. Wir wurden in einer Dreizimmerwohnung untergebracht, in der eine Frau mit ihren beiden Kindern, einem Hund und einer Maus lebte. Uns stand ein Zimmer zur Verfügung. Wir gaben uns damit zufrieden; der Aufenthalt sollte nicht länger als zwei Wochen dauern. Unsere Kontaktmänner, Inder, drückten uns etwas Brot, Gemüse und Trauben in die Hand und ließen uns mit unseren neuen Mitbewohnern alleine, die, wie sich schnell herausstellte, ausschließlich Russisch sprachen. Die alleinstehende Mutter hatte viel zu sagen. Sie sprach ununterbrochen. Und was auch immer wir unternahmen, um ihr mitzuteilen, dass wir sie nicht verstünden – es hat sie davon nicht abgehalten. So beschloss meine Mutter, ebenso schnell und ausgiebig zu sprechen, auf Persisch. Sie kommentierte den Schnitt der Wohnung, stellte Fragen, erzählte von unserem Schicksal, während die russische Mama ihr Parallelgespräch fortsetzte. So hielten wir es lange Zeit mit unserer Mitbewohnerin aus.

Zuerst besuchten uns unsere Schleuser täglich und versorgten uns mit Lebensmitteln. Nach einer Woche teilte uns der Kapo der Gruppe mit, dass sich unsere Einreise nach Polen verschieben werde. Als mein Vater in die Residenz der Schleuser eingeladen wurde, stellte er fest, dass wir nicht die Einzigen waren, die von dieser Organisation abhängig waren. Einige Familien warteten bereits seit einem Monat auf ihre Einreise nach Polen. Nach zwei Wochen wurden wir unruhig. Die Wohnsituation war, gelinde gesagt, schwierig. Meine kleine Schwester und meine Mutter fürchteten sich vor dem aggressiven Hund, der meistens im Badezimmer eingesperrt war. Mein Vater und ich fanden es noch schlimmer, am Esstisch gemeinsam mit der Käfigmaus zu sitzen. Unsere Schleuser ließen sich immer seltener sehen, und zu Beginn der vierten Woche lösten sie sich in Luft auf. Sie waren einfach nicht mehr da. Unser Kontaktmann in Neu-Delhi war telefonisch nicht mehr zu erreichen. Um zurück nach Indien zu reisen, benötigten wir erneut ein Einreisevisum und Geld, das wir nicht hatten. Wir mussten uns in Moskau alleine zurechtfinden. Mit der Unterstützung einer verwandten afghanischen Familie fanden wir eine neue Unterkunft. Ein russisches Ehepaar stellte uns sein Wohnzimmer zur Verfügung. Ich schlief auf zwei zusammengeschobenen Sesseln; es fühlte sich an wie das Paradies; ich konnte zwar meine Beine nicht ganz ausstrecken, aber dafür musste ich nicht mehr mit meinen Eltern und meiner Schwester in einem Bett schlafen.

Meine Eltern wollten nicht wahrhaben, was passiert war. In den kommenden Monaten versuchten sie jeden Morgen vergeblich, den Kapo zu erreichen. Inzwischen meldeten sich nahezu täglich neue Schleuser, die ihre verzweifelten Kunden mit ebenso fantasievollen wie unrealistischen Plänen lockten. Wir wurden Teil einer Flüchtlingskultur. Die festsitzenden Familien kamen sich näher, sie teilten das gleiche Schicksal, und sie verfolgten auch das gleiche Ziel: irgendwie aus Russland zu entkommen. Für unsere kleine Familie war der plötzliche Wechsel von der unerträglichen Hitze Delhis zur bitteren Kälte Moskaus mehr als nur gewöhnungsbedürftig. Doch wir mussten uns damit abfinden, dass uns der Winter in Moskau haben wollte. Ich verfluchte, dass ich in Kabul ausgerechnet Maxim Gorkis *Die Mutter* gelesen hatte. Nicht der revolutionäre Kampf des jungen Pawel und seiner Mutter waren mir im Gedächtnis; es waren Gorkis Schilderungen des langen, nie endenden russischen Winters. Die rasenden und tanzenden Schneeflocken, die langsam, aber unaufhaltsam alles Irdische begruben – erst in Moskau verstand ich Gorkis Beschreibungen. Die Sonne war verloren, wir hatten keinen Tag, nur Nächte, lange Nächte, voller Sorge. Die verlorene Sonne, die Gorki im ungebrochenen Willen Pawels aufgehen sah, war in mir begraben. Heute singe ich meinem Sohn jeden Abend die Sure 91 vor: *Die Sonne*. Er schläft ein mit dieser Sonne – vielleicht die einzige, die »im Glanze schreitet«, wie es im Koran heißt. Liegt nicht darin meine ganze Aufgabe als Vater, ihm eine solche Sonne zu schenken, die ihn wärmt und ihm Geborgenheit gibt auf den Fluchten, die er vor sich hat, die ihn prägen und formen werden?

An einem unbedeutenden Tag Ende Januar 1993 wagten wir uns für einen Spaziergang vor die Tür; als wir eine Stunde später zurückkehrten, teilten uns unsere Vermieter mit, dass wir unverzüglich das Zimmer räumen und ausziehen sollten; einen plausiblen Grund dafür nannten sie uns nicht; die Drohung mit der Polizei genügte, eine halbe Stunde später standen wir auf der Straße im Schnee; zwei Koffer und einige Plastiktüten in Händen. Für meine kleine Schwester ein Abenteuer, das sie spielerisch aufnahm; ich sah die Hilflosigkeit meiner Eltern; sie lächelten mich beruhigend an, wollten weiterhin Vater und Mutter spielen. Ich war in jenem Augenblick kein dreizehnjähriger Junge mehr; ich wurde erwachsen. Es war irgendwie bitter und schön zugleich. Die Ewigkeit, bis mein Vater – ich weiß bis heute nicht, wie – uns eine neue Bleibe organisierte, spüre ich noch immer. Es sind Stunden, die es nicht geben sollte und die doch unumgänglich waren. Trauerzeit.

Unser neues Zuhause war eine Zweizimmerwohnung in einem Hochhaus; diesmal teilten wir die Wohnung mit einer russischen Oma, ja, einer Babuschka wie aus dem Bilderbuch. Die Wohnung roch nach warmer Milch. Als sie erfuhr, dass wir aus Afghanistan waren, spürte sie den Drang, uns in jeder Hinsicht zu belehren. Sie zeigte uns das Bett, den Lichtschalter, das WC, den Wasserhahn. Wir waren peinlich berührt, aber auch froh, eine irgendwie fürsorgliche Mitbewohnerin gewonnen zu haben. Da ahnten wir noch nicht, dass sie auch gerne unsere Ernährung und zuweilen auch unsere Schlafzeiten bestimmen wollte. Immerhin war unser Alltag ein wenig geregelt. Wenn meine Eltern nicht gerade auf der Suche nach einem neuen

Schleuser waren, spielten sie mit mir Schach. Ein passendes Spiel, geht es doch darum, den eigenen Tod zu verhindern. Ich fing schnell Feuer. Ich begriff, dass es eigentlich kein Spiel ist und dass es auch kein wirkliches Ende findet; oft ertappte ich mich dabei, die Figuren zu betrauern, die auf dem Feld zurückblieben. Ich fragte mich, warum sie so unbedeutend geworden waren.

Meine größte Sorge in Moskau war, dass ich die Schule verpasste. Die Schule konnte ich nicht besuchen, zu jeder Zeit stand ein weiterer Aufbruch in Richtung Deutschland im Raum. Andere Jugendliche aus Afghanistan, die seit Jahren in Moskau lebten, wirkten so erwachsen. Ich solle einsehen, meinten sie, dass die Flucht auch ein Segen sei. Schließlich müssten wir keinen Unterricht mehr besuchen. Ich empfand das anders, aber womöglich hatten sie recht. Wer braucht schon die Schule, um zu lernen? Wenn die Schule mehr ist als nur ein Gebäude und nicht nur ausgebildete Pädagogen Lehrer sein können, dann waren die Flucht und insbesondere das Jahr in Moskau eine besondere Schule meines Lebens. Eine Schule, die aus Warten und Sehnsucht bestand. Dort gewann das rituelle Gebet für mich eine besondere Bedeutung. Ich betete fünfmal am Tag und las im Koran. Auf der letzten Seite meiner Koranausgabe waren dabei die 99 Namen Gottes aufgelistet. Ich gewöhnte es mir an, nach jedem Gebet diese zu lesen und zu memorieren. Sie gaben mir Halt, Trost und vor allem eine Möglichkeit, meine Hoffnungen auszusprechen.

Es vergingen Monate. Angebliche Schleuser entpuppten sich als Betrüger, die Situation in Afghanistan verschlechterte sich dramatisch; und wir blieben für Moskau

Fremde. Gerne würde ich manche Tage vergessen. Vor allem jenen, als mein Vater von einer russischen Bratwa, wie die Mafia genannt wird, entführt wurde, weil er für die Vorauszahlung eines neuen Schleusers Geld bei der Bank abgehoben hatte. Er wurde beobachtet, ins Auto gezerrt, und da er Widerstand leistete, würgten sie ihn bis fast zum Ersticken. Seine roten Augen, die Male an seinem Hals, seine zerrissenen Kleider, die fehlende Stimme – ich weinte an jenem Abend nicht um meinen starken Vater und darüber, was das Leben aus ihm machte. Ich weinte, weil ich begriff, dass er ein Sinnbild unserer Situation war. Die Flucht nahm ihm den freien Atem. Ich atmete ebenso schwer.

Als Luca Brasi die Luft ausging, weil eine Schlinge um seinen Hals zugezogen wurde, wurde ihm vorher zumindest eine Zigarette angezündet und seine Hand fast zärtlich berührt.

Die islamische Zeitrechnung beginnt mit der Flucht des Propheten. Aber warum? Wäre es nicht angemessener, den Anfang des Islam mit dem Beginn der Offenbarung anzusetzen? Es ist die Flucht, die das Leben Muhammads grundlegend geprägt, verändert hat. Die Flucht ist mit der Erkenntnis verbunden. Das arabische »Hidschra« bedeutet so viel wie eine Bindung durchtrennen, ein Band durchbrechen, sich ent-binden. Die Flucht lässt den Propheten eine notwendige Entbindung vollziehen. Er bricht mit den tribalen Strukturen der Mekkaner, mit den Machtverhältnissen der Stadt, mit den Kulten und Regeln. Die Flucht ist also ein Topos für die Befreiung von den alten Bindungen und eröffnet zugleich die Freiheit zur unverstellten Bindung an Gott.

Die Hidschra ist untrennbar mit der Erkenntnis verbunden, dass meine Heimat nicht hier oder dort ist, dass mich nicht meine Nationalität, meine Sprache, mein Stamm, ja meine Herkunft bestimmen. Beheimatet bin ich gerade in der Entbindung von allem, was mich scheinbar bindet. Die Hidschra lässt mich einsehen, dass jede Bindung bis auf die eine, wie sehr ich auch daran festhalten möchte, vergänglich ist. »Alles ist vergänglich, aber nicht Sein Antlitz« *(Koran 28:88)*. Wer glaubt, ist ein Flüchtling. Wer der Spur Muhammads folgt, der hat ihn zunächst als einen Flüchtling zu begreifen. Wer dem Gesandten nacheifert, der vollzieht die Hidschra.

Flüchtlinge verlieren vieles unterwegs, ihre Sprache, ihre Kultur, bisweilen ihre Kindheit und Jugend, manche sogar ihre Namen. Was aber bleibt? Wer trägt uns in unserer ganzen Zerrissenheit? Nur die Stimme bleibt, schrieb die persische Dichterin Forough Farrokhzad in ihrem letzten Gedicht: »Stimme, Stimme, allein die Stimme«. Wessen Stimme erklingt in meinem Ohr, unermüdlich und klar? Ich muss erneut an Muhammad denken, der die Situation seiner ersten Offenbarung derart beschreibt, als wäre sie der Augenblick des Todes: »Ich dachte, ich müsse sterben.« Die Mitteilung Gottes ergreift ihn vollständig; sie berührt alle seine Sinne. Zitternd lässt ihn der Engel zurück. Und er, der Suchende, der Sinnende, hat nicht den Koran. Er hat bloß eine Erinnerung, eine sinnende, eine suchende Erinnerung. Er ist der wandelnde, der lebende Koran, die Erinnerung selbst.

Der islamische Gelehrte al-Ghazzali wurde auf seiner Rückreise von Gurgan nach Tus überfallen. Die Räuber nahmen ihm alles weg. Er aber soll ihnen gefolgt sein und gesagt haben: »Ich bitte euch um Gottes willen, mir nur meine Aufzeichnungen zurückzugeben, denn euch nützen sie nichts.« Die Räuber fragten ihn daraufhin: »Was sind das für Aufzeichnungen?« Er: »Bücher in dieser Tasche, für die ich meine Heimat verlassen habe, um zu hören, aufzuschreiben und mir Wissen anzueignen.« Die Räuber lachten und sagten: »Wie kannst du behaupten, dass du dir mit ihnen Wissen angeeignet hast, wenn wir sie dir doch hinweggenommen haben und dich ohne dein Wissen zurückließen?« Dann wurde ihm seine Tasche zurückgegeben. Doch al-Ghazzali zieht aus diesem Vorfall eine großartige Lehre: »Als ich in Tus ankam«, so eine der feinsten Seelen der islamischen Tradition, »arbeitete ich drei Jahre lang, bis ich alles, was ich aufgeschrieben hatte, verinnerlicht hatte.« Was vergänglich ist, verflüchtigt sich.

Nach dreizehn Monaten und vielen gescheiterten Versuchen vertrauten wir uns einer neuen Schleusergruppe an. Sie organisierte für uns gefälschte russische Pässe. Wir lernten unsere neuen Namen und unsere neuen Geburtstage. Wir waren keine Familie mehr. Meine kleine Schwester und mein Vater bildeten eine Einheit, und meine Mutter und ich galten fortan als Geschwister. Erneut Abschied. Am 26. Oktober 1993 nahm ich zum letzten Mal meinen Koran in die Hände und küsste ihn. Er war mit vielen Tüchern umwickelt; jedes Tuch hatte eine andere Farbe, einen eigenen Charakter. Das Enthüllen war wie ein Gebet; meine Hände zitterten; das Gefühl war nicht anders, als hätte ich zum ersten Mal das Gesicht meiner Geliebten entschleiert. Die Sonne begrüßte uns zum letzten Mal in

Moskau. Ich berührte die Seiten und las die Sure 93, die mit den Worten beginnt: »Bei dem strahlenden Morgen / und bei der Nacht, wenn sie ruht! Nicht verlassen hat dich dein Herr, noch von dir sich abgewandt.« Getragen von diesen Versen verließen wir Moskau in Richtung Kasachstan, in die damalige Hauptstadt Almaty. Unweit der Grenze zu Kirgisistan gelegen, wirkte die Stadt im Vergleich zu Moskau wie ein abgelegenes Dorf. Wir wurden vom Kapo der Schleuserbande begleitet. Er stammte aus Afghanistan, lebte aber schon seit mehr als zehn Jahren in Russland. Seine Entschiedenheit und sein undurchsichtiger Charakter erinnern mich an Don Fanucci, den Mario Puzo in seinem Roman *Der Pate (The Godfather)* treffend als »die schwarze Hand« beschreibt, während er im gleichnamigen Film von Francis Ford Coppola stets mit einem weißen Anzug zu sehen ist. Er kassiert Geld, sorgt aber zugleich für den Schutz der Menschen in seiner Gegend. Auch wir brachten ihm Respekt und Dankbarkeit entgegen, und im selben Atemzug empfand ich eine tiefe Verachtung.

Unser Don Fanucci brachte uns in Almaty für eine Nacht in ein verlassenes Haus. Er benötigte einen Augenblick, um das Tor des Hauses zu eröffnen. Ich versuchte, mir die Gegend einzuprägen, den Straßennamen, die Hausnummer. Er schien nicht das erste Mal in diesem Haus zu sein, aber es war ihm anzusehen, dass er sich unwohl fühlte. Wir sollten schnell in den Keller gehen, der neben einem großen Raum mit einem Bett auch eine dunkle Küche beherbergte. Die Toilette befand sich im Garten. Nach einer kurzen Weile verließ er das Haus und kam erst

Stunden später mit einem anderen Mann zurück. Die beiden erklärten uns noch einmal, was auf uns zukommen würde. Natürlich haben wir in jener Nacht nicht geschlafen. Gegen fünf Uhr morgens brachen wir in Richtung Flughafen auf. Don Fanuccis Kontaktmann nahm uns in seinem Minibus mit. Dabei fiel dem Schleuser auf, dass ich mir das Nummernschild des Autos merkte. Er schaute mich an, wie Don Fanucci den heranwachsenden Vito Corleone anblickte. Ich fühlte mich ertappt. Er streichelte meinen Kopf und machte meinen Eltern ein Angebot: »Ich kann Ihren Sohn sehr gut in meinem Team gebrauchen. Er wird nicht wenig verdienen. Was sagen Sie?!« Mein Vater versicherte ihm, dass ich noch ein Kind sei und nicht überschätzt werden dürfe. Don Fanucci zögerte, dann nickte er nachdenklich. Auf der Fahrt hielten mich meine Eltern so fest an den Händen, als könnte ich sonst im Auto verloren gehen.

Wir bekamen die Anweisung, am Flughafen den Schalter 2 zu nehmen, der Mann dahinter sei bestochen. Wir wurden getrennt. Meine Schwester rief nach meiner Mutter; die musste aber so tun, als würde sie ihre eigene kleine Tochter nicht kennen. Mein Vater vergaß ständig seinen Familiennamen. Der Mann an Schalter 2 lächelte mich an. »Ich heiße Rostam«, flüsterte ich halbsicher und zeigte auf meine Mutter: »Und sie ist meine Schwester.« Er stempelte unsere Pässe ab. Wir fühlten keinerlei Erleichterung. Wir hörten hinter uns, dass mein Vater nach seinem Namen gefragt wurde – Stille. Meine Schwester weinte und rief nach ihrer Mutter. Wir blieben stehen, wollten uns umdrehen. Ich hörte meine Mutter sagen: »Das war's!« Aber in diesem Augenblick sahen wir, wie mein Vater mit meiner Schwester in seinen Armen an uns vorbeilief.

Die Flucht schien beendet; oder ging sie endlich weiter? Hatten wir wieder eine Heimat? Wohin mit Kabul? Wohin mit all den Erinnerungen? Warum kommen wir nicht an? Wo haben wir uns verloren? Die Flucht wendet sich nach innen. Das ist ihre Vollendung. Endstation – Sehnsucht.

2. Der Himmel über Kabul

»Die Farbe ist der Ort, wo unser Gehirn und das Weltall sich begegnen.«
Paul Cézanne

Im Exil entsteht die Herkunft neu. In Kabul habe ich mich nie gefragt, woher ich eigentlich komme. Je mehr ich mich von Kabul entfernte, umso intensiver begegnete mir diese Stadt, als wäre sie mit mir gemeinsam geflüchtet. Kabul hat eine besondere Schönheit. Der Himmel über Kabul ist von einem so strahlenden, tiefen Blau, als hätte Gott ihn eigenhändig in reines Lapislazuli getaucht. Wer Kabul begreifen will, der muss sich diesen Himmel anschauen. Paul Cézanne wäre überwältigt gewesen. Die Expressivität des puren Blaus saugt Kabul gleichsam auf. Der Blick Cézannes wäre an den umliegenden Bergen in der Gestalt seines geliebten Montagne Sainte-Victoire hängen geblieben. Kabul ist von Bergen umgeben. Als Kind habe ich mir die Welt nicht anders vorstellen können. Die mächtigen, grauen Berge, die meinem Horizont Konturen gaben, waren unüberwindbar. Die Berge wirkten furchterregend, standhaft; leidenschaftslos und unerschütterlich gaben sie mir trotzdem Geborgenheit, das Gefühl, zu Hause zu sein. Inmitten der Berge war ich in der Welt. Abends habe ich der Sonne zugesehen, wie sie hinter ihnen verschwand, was mit der Empfindung einherging, gerade das letzte Mal den Sonnenuntergang erlebt zu haben. Jeder Augenblick in Kabul fühlte sich so an, als wäre er der letzte.

Kabul hatte zwei Gesichter. Es gibt für mich keinen schöneren, aber auch keinen grausameren Ort als Kabul. Ganz ähnlich wie Sizilien in Puzos *Paten*. Sizilien nimmt dem jungen Vito seine Familie: Der Vater wird von der Mafia ermordet, weil er sich ihrem Urteil nicht beugt; seine Mutter wird sogar vor seinen Augen erschossen. Ihm gelingt es, zu fliehen. Fortan trägt er den Namen Corleone, »um wenigstens eine kleine Verbindung zu seinem Heimatdorf zu bewahren«. So bleibt er stets Vito aus Corleone. Sizilien entreißt auch seinem Sohn Michael zuerst die junge Frau – gerade dann, als er in Sizilien Zuflucht sucht – und später die einzige Tochter. Sizilien ist janusköpfig. Schön und grausam, Heimat und Mördergrube. Vater und Sohn sind echte Sizilianer, im Zwiespalt mit der verlorenen und ersehnten Heimat. Die Zerrissenheit Siziliens schlägt bei den Corleones nach innen um. Die berühmte erste Szene der Verfilmung des *Paten*: Ein gebrochener Mann namens Bonasera kommt zum Paten, damit er über das Schicksal seiner Tochter Gerechtigkeit walten lasse; der Pate ist Instanz der Gerechtigkeit und zugleich Repräsentant des Verbrechens.

Das zweite Gesicht Kabuls ist der Krieg. Es gibt keine Familie aus Kabul, die nicht mehrere Familienmitglieder durch den Krieg verloren hätte, ja es gibt kein Haus in Kabul, das nicht vom Krieg gezeichnet wäre; und doch sehe ich, wie die Augen meiner Eltern feucht werden, wenn sie nur das Wort »Kabul« hören.

Minen- und Bombenexplosionen, vor allem aber Raketen bestimmten meine Kindheit. Am 10. Februar 1979, dem Tag meiner Geburt, wurde in Kabul der Geburtstag des Propheten Muhammad gefeiert; mit Koranrezitationen, Lobgesängen und Erzählungen aus seinem Leben. Meine Eltern nannten mich Milad, was nichts anderes bedeutet als Geburtstag. Ich war neugierig auf den, dem ich meinen Namen verdankte, dessen Geburtstag an meinem Geburtstag gefeiert wurde. Ich fühlte mich besonders verantwortlich, ihn näher kennenzulernen, mich für ihn zu interessieren, ihn, der im Koran als »schönes Vorbild« bezeichnet wird. Meine besondere Neugier bewegte meine Eltern dazu, mich schon früh, während der Grundschulzeit, in eine Koranschule zu schicken. Mein Vater brachte mich zu einer kleinen Moschee. Schon damals war eine Moschee für mich ein besonderer Ort. Ein Ort der Stille und des Friedens. Und gleich in der ersten Unterrichtsstunde verliebte ich mich in den Koran. Der Unterricht war anders als der in der Schule. Wir Kinder trugen keine Uniform, wir zogen vor dem Eintritt in die Moschee die Schuhe aus, wir saßen nicht auf Stühlen; unser Lehrer trug keinen Anzug, sondern eine traditionelle Tracht, er hatte einen langen, gepflegten Bart. Wir brauchten auch kein Heft und keinen Stift. Wir saßen auf dem Boden und bildeten einen Kreis. Bevor wir unseren Lehrer begrüßen konnten, wie es in der Schule üblich war, begrüßte er uns: »Friede mit euch!« Danach saß er in unserem Kreis. Er gab jedem von uns ein kleines Büchlein; keine Koranausgabe, sondern eine Art Übungsbuch für die Rezitation des Koran. Er trug einige Verse aus der letzten Sure vor. Nach einer Atempause sagte er: »Um den Koran so vortragen zu können, müsst ihr viel lernen.« Wir begannen mit den ersten Übungen; ich war überwältigt. Wenn ich den Koran vortrug, herrschte Frieden. Ich war glücklich. Dieser Gesang tönt noch heute in mir wider.

Verließ ich die Moschee, holte mich die Realität sehr rasch ein. Ich hörte die Explosionen, mein Herz raste, ich wusste, ich musste so schnell wie möglich nach Hause rennen. Jeden Morgen verabschiedete ich mich so von meinen Eltern, als würden wir uns nie mehr wiedersehen. Nahezu täglich wurde Kabul von Raketenangriffen heimgesucht. Ohne ein bestimmtes Ziel trafen die Raketen jeden beliebigen Ort der Stadt. Wir waren nirgends sicher. Mit der Zeit konnten wir aus dem erschütternden Lärm des Bombardements ziemlich genau heraushören, welches Viertel in Brand geschossen wurde. Wir Jungen schlossen auf der Straße Wetten ab, welche Gegend heute betroffen sein würde. Der Krieg war Teil unserer Spiele. Wenn der Raketenangriff begann, bebte die Erde, die Gegenstände aus den Schränken oder auf dem Tisch fielen herunter, die Fensterscheiben klirrten und brachen, und wir liefen so schnell, wie wir konnten, in den Keller. Die Laufwege waren eingeübt. Meine Mutter nahm Wasser oder ein Stück Brot für uns mit, mein Vater schnappte meine kleine Schwester, die sich die Ohren zuhielt. Im dunklen, kalten Keller für eine unbestimmte Zeit eingesperrt zu sein war schrecklich. Kriegskinder können das sehr gut nachempfinden. Ich erinnere mich an ein Gespräch mit dem Verleger Hermann Herder, der mir von seinen Kriegserfahrungen als Kind und Jugendlicher erzählte; vor dem Gespräch bewunderte ich ihn bloß als einen großartigen Kenner von Dante; nach diesem Gespräch hatte ich das Gefühl, er hätte meine Kindheit in Kabul miterlebt. Für einen flüchtigen Augenblick waren wir beide einfach nur zwei Kinder, die auf den Krieg immer noch mit derselben Mischung aus Verachtung und Erregung blickten. Kriege enden im Innern derjenigen, die sie erlebt haben, nie ganz.

In Kabul atmete der Krieg. Eine andere Kindheit hatte ich nicht. Auch die Schule war nicht vor den ziel- und wahllos fliegenden Raketen geschützt, die wir »blinde Raketen« nannten. Im März 1990 begann am Vormittag während des Unterrichts plötzlich ein massiver Angriff, ein Putschversuch, wie sich später herausstellte. Unser Lehrer, eigentlich eine unerschütterliche Autorität, wurde zur Verwaltung bestellt; er befahl mit schneeweißem Gesicht und zitternder Stimme, dass wir uns unter unsere Schreibtische hocken sollten; er kehrte nie wieder zurück. Nach ca. zwanzig Minuten kam eine Durchsage: »Alle Klassen sollen sich so schnell wie möglich in den Kellerräumen der Schule einfinden!« Mit viel Geschrei liefen wir los. Für mich war das nicht neu. Der Angriff schien ewig zu gehen. Die anfängliche Freude darüber, dass der Unterricht ausfiel, schlug in Furcht und Zittern um; keiner von uns wusste, was mit seinen Eltern, seinen Geschwistern war. Niemand wurde abgeholt, die Straßen waren gesperrt. Es gab einen mächtigen Knall – dann war alles still. Nach einigen Minuten sprach der Rektor zu uns, aufgeregt, zugleich um Sachlichkeit bemüht: Unsere Schule sei zweifach getroffen worden. Dabei wurde die gläserne Moschee der Schule fast vollkommen zerstört. Erst gegen Abend wurden wir abgeholt. Das Schulgelände sah wie eine endzeitliche Ruine aus.

Die deutsche Schule hat eine lange Tradition. Bereits 1924 wurde sie gegründet; die Unterrichtssprache war Deutsch, das Ziel: die Absolventen auf das Studium in Deutschland vorzubereiten. Sie gehört zu den bekanntesten und besten Schulen in ganz Afghanistan. Anfang der Siebzigerjahre war in der Nähe der deutschen Botschaft ein Neubau durch die Firma Hochtief erstellt worden. Als Schüler zu erleben, wie dieser Ort der Bildung zerstört wird, war ein tiefer Vertrauensbruch.

Meine Eltern hatten den Angriff überlebt; mit mir hatten sie nicht mehr gerechnet; sie hatten davon gehört, dass die deutsche Schule mehrfach getroffen worden war. Ich wurde wie ein aus dem Krieg heimkehrender Soldat empfangen; ich war elf Jahre alt. Meine Eltern standen auf der Straße; ihre Gesichter waren farblos, und sie atmeten schwer. Als ich sie aus der Ferne sah, rannte ich, so schnell ich konnte, zu ihnen und rief dabei: »Ich lebe, ich lebe!« Sie hielten mich so fest in ihren Armen, als wollten sie mich nicht mehr loslassen.

Nach jedem Angriff roch die Stadt nach gegrilltem Fleisch; ein süßlicher Geruch, vom Wind in ganz Kabul verteilt. Meine Kleider und meine Haare rochen süßlich-bitter; diesen Geruch erkannte ich wieder in der indischen Stadt Varanassi am Ganges; dort verbrennen die Hindus die Leichen der Verstorbenen. Und zu meinem eigenen Entsetzen empfand ich plötzlich Heimweh. So riecht Kabul in meiner Erinnerung. Ich saß eine lange Zeit neben meiner Frau auf einer Treppe am Ganges. Kabul lag in der Luft. Mir war plötzlich so, als würde ich meine Frau durch die alten Gassen meiner Geburtsstadt führen können.

Der Krieg betrübt alle Sinne. Selbst der blaue Himmel, der Hoffnung versprach, war Hohn und Spott in den Augen von Tausenden von Kabuler Waisenkindern, so wurde er schnell dunkel. Kabul blieb für eine lange Weile dunkel. Strom war in Kabul eine Rarität. Die meiste Zeit mussten wir ohne Strom auskommen. Meine Hausaufgaben mussten also vor dem Anbruch der Dunkelheit beendet sein. Auch fließendes Wasser war eine Seltenheit; warmes Wasser gab es in der Regel nur einmal in der Woche, dies auch nur in eher gehobenen Gegenden. Sich zu waschen galt als Luxus. Für den alltäglichen Gebrauch liefen mein Vater und ich mit jeweils zwei Eimern mehrfach täglich zu einem etwa einen Kilometer entfernten Brunnen. Die Eimer waren für mich etwas schwer. Ich verschüttete unterwegs immer die Hälfte des Wassers. Wenn wieder einmal ein Angriff im Gange war, mussten wir ohne Wasser auskommen.

In meinem Geburtsjahr 1979 riss die »Demokratische Volkspartei Afghanistans« die Macht an sich. Kurz darauf marschierten ca. 20 000 sowjetische Soldaten in Kabul und seiner Umgebung ein. Sie prägten von nun an das Bild der Hauptstadt. Der mit der Invasion der sowjetischen Soldaten entfachte Krieg geriet sehr bald völlig aus den Fugen. Für uns in Kabul wurde das Leben immer mehr zu einer Tragödie. Keine Woche, kein Tag verging ohne neue Todesnachrichten, und das heißt: ohne neue Trauer, ohne neue Wunden. Wer nahm diesen Menschen das Leben? Wer raubte ihnen den Alltag? Wer hat ihr

Vieh ausgerottet? Wer hat ihre Felder in Wüsten oder, schlimmer noch, in Opiumfelder verwandelt? Wer ist dafür verantwortlich, dass über eine Million Menschen in Afghanistan Invaliden sind? Wer hat Hunderttausenden von Kindern ihre Eltern weggenommen? Warum leiden unzählige Kinder in Afghanistan an Hunger? Wer hat ihnen die Heimat geraubt? Das Verbrechen an Afghanistan hat viele Gesichter und viele Seiten. Es lässt sich keineswegs einfach erklären, wer oder was dafür Schuld trägt. Waren es die in Afghanistan vorherrschenden Stammesstrukturen, ein falscher Stolz der Bevölkerung, der Kalte Krieg, die sowjetische Politik und die skrupellose Invasion bzw. Intervention, die ethnische Vielfalt des Landes, seine geografische Lage, die Instrumentalisierung des Islam für einen Widerstandskampf, der sein perverses Gesicht mit der Religion verschleiern wollte, oder war es die Verherrlichung des Kommunismus durch Menschen, die den Namen Karl Marx nicht einmal buchstabieren konnten? Die unzähligen Toten fragen nicht nach Gerechtigkeit oder Freiheit. Davon hatten sie auch nie etwas erfahren. Wessen Friedhof ist Kabul geworden?

Wir richteten uns in Kabul ein Gefängnis ein. Nur dort waren wir sicher. Der Krieg in Kabul war die extreme Form einer kollektiven Bestrafung und zwang uns, aus der Öffentlichkeit zu verschwinden, uns selbst einzukerkern. Michel Foucaults Beobachtung, dass Strafe auf den »Körper, die Zeit, die alltäglichen Gesten und Tätigkeiten« ziele, aber auch auf die Seele, insofern sie »der Sitz der Gewohnheiten ist«. Der Krieg verfügte über uns; er war überall und jederzeit. Die totale Herrschaft des Krieges verwandelte Kabul in einen totalitären Ort. Krakenartig umklammerte uns der Krieg. Wer waren die eigentlichen Verbrecher, die Kriegsgötter, die Kriegstreiber? Sie und ihre Motive bleiben vage. Die Positionen gingen ineinander über. Der kommunistische Präsident zitierte in seinen Ansprachen aus dem Koran und erzählte von seinen sakral aufgeladenen Träumen. Dasselbe bei den später an die Macht geratenen Mudschaheddin-Anführern. Beide Seiten ließen sich zu Marionetten der ausländischen Mächte machen. Beide benutzten deren Gewehre, Panzer, Raketen, Minen. Weder diejenigen, die ihre Fahnen mit dem »Islam« schmückten, schreckten vor Mord zurück und waren vor Geldgier und Machtbesessenheit gefeit, noch diejenigen, die von heute auf morgen kommunistische Ideale in Afghanistan verwirklichen wollten.

Meine früheste Begegnung mit der Mafia war eine italienische Serie, die das afghanische Fernsehen zum ersten Mal Ende der Achtzigerjahre ausstrahlte. Die Serie trug den Titel *La Piovra*, der Krake, in Deutschland lief die Serie unter dem Titel *Allein gegen die Mafia*. Die Mafia als Krake zu versinnbildlichen war das Ziel des Regisseurs Damiano Damiani. Nicht jedes Verbrechen, nicht jede Art von organisierter Kriminalität ist mafiös. Mafia bezeichnet eine besondere Form des Verbrechens, das Grenzen überschreitet; sich nicht mehr auf eine Region, sagen wir Sizilien, beschränkt. Mafia beschreibt eine Bewegung, die in jede Richtung Fuß fasst. Der Krake umklammert und umschließt jeden Gegenstand, der ihm begegnet; er kennt keine Grenze, keine vorgegebene Richtung, kein Maß. Das Staatsfernsehen in Afghanistan zeigte die Serie *La Piovra* immer mittwochabends. Der Krake fesselte die Kabuler. Auch ich war mit zehn Jahren der Serie verfallen. Michele Placido als Commissario Corrado Cattani spielte die Hauptrolle. Die Serie zeigt seinen Kampf gegen die Mafia. Wir feierten ihn als tragischen Helden. Der Krake verschlang ihn allmählich; seine Tochter, seine Frau, ja jeder Mensch, der ihm nahestand, wurde zugrunde gerichtet. In derselben Zeit entwickelte sich die Mafia von Sizilien aus zu einem internationalen Netzwerk. Krebsartig wucherte die Mafia über die italienische Provinz hinaus. Seine Integrität, seine verletzliche Persönlichkeit und seine zerbrechlichen Augen machten Commissario Cattani authentisch. Er scheiterte, und wir liebten ihn dafür. Die Popularität von Michele Placido war auch der Grund, warum er sich während der Geiselnahme der CARE-Mitarbeiterin Clementina Cantoni mit einer Videobotschaft im afghanischen Fernsehen zu Wort meldete: »Ich bin Michele Placido, Commissario Cattani. Erinnern Sie sich an mich? Wie Clementina bin auch ich Italiener. Clementina hat so viel dafür gegeben, den Menschen in Afghanistan zu helfen. Jeder von Ihnen kann ihr jetzt helfen, sicher zurückzukehren. Bitte helfen Sie Clementina.« *La Piovra* gehörte zu den ersten Serien, die Ende 2001 nach dem Sturz des Taliban-Regimes gezeigt wurde.

Wir erlebten, dass die Mafia kein Happy End zuließ und der Krieg nicht aufhörte; Cattani verkörperte das Gute, das wir nur auf dem Bildschirm bewundern konnten. Tagsüber erlebten wir hautnah, wie die Gewalt den Alltag vollkommen durchdrang, und *La Piovra* zeigte uns am Abend die Dramaturgie dieser Gewalt. Die Serie führte uns vor Augen, warum es kein Entrinnen gab aus einer Welt, die das Geld kreierte, um Macht zu sichern, wie der Bankier Altinari in der dritten Staffel der Serie es beschrieb. Die Gewalt war undurchsichtig und gehörte zu einem größeren Spiel, das wir nicht zu überblicken vermochten.

Kurz nach dem Abzug der sowjetischen Soldaten übernahmen die Mudschaheddin die Zentralmacht in Kabul. In der Nacht, in der sie in Kabul einmarschierten, feierten sie die ganze Nacht mit Schüssen in die Luft. Sie beschossen den Himmel über Kabul. Hatten die, die sich Mudschaheddin nannten, noch nie vom Propheten Muhammad gehört, mit welcher Haltung und Bescheidenheit er einst in die Stadt Mekka eingezogen war? In den nächsten Monaten wurden die großen Erwartungen, die wir in Kabul an die Mudschaheddin hatten, nicht bestätigt. Im Gegenteil: Außer einer Fassade war vom Islam wenig zu sehen. Die Straßen von Kabul wurden von unterschiedlichen und rivalisierenden Gruppierungen besetzt. Schießereien auf der Straße, ethnische Diskriminierungen und Gewalt waren an der Tagesordnung.

Meine Mutter bekam eine deutliche Ermahnung, ab sofort in ihrer Privatpraxis ausschließlich Frauen zu behandeln. Auch mein Vater wurde in seiner Tätigkeit als Rektor der deutschen Schule in Kabul stark eingeschränkt. Als er nach der Machtübernahme seinen Arbeitsplatz betrat, fand er in seinem Büro einige Männer vor, die bereits gemütlich Tee tranken. Stundenlang musste er sich rechtfertigen, etwa, warum er in seinem Büro deutsche Zeitschriften besaß, in denen Szenen aus dem Schwimmunterricht abgebildet waren. Vor allem wurde er verdächtigt, Mitglied der Kommunistischen Partei gewesen zu sein; als bekannt wurde, dass mein Großvater stellvertretender Vizeministerpräsident in Afghanistan gewesen war, geriet die ganze Familie in eine gefährliche Lage. Dass mein Großvater nicht Mitglied der Partei war, galt nicht. Es war klar, dass wir so schnell wie nur möglich die Flucht ergreifen mussten.

3. Die abendländischen Weisheiten

»Nur wer seinen eigenen Weg geht,
kann von niemandem überholt werden.«
Marlon Brando

Das Asylantenlager liegt in Freiburg. Man erkennt es schon von Weitem. Die Atmosphäre ist ungewöhnlich; sie passt nicht zu der denkbar schönsten Schwarzwaldidylle. Eine große Anzahl von Satellitenschüsseln auf kleinstem Raum. Auf manchen Schüsseln sind Kleider aufgehängt. Vor dem monotonen Wohnblock steht auf der Wiese ein Fernseher; auf dem Fernseher liegt ein Lederstiefel. Joseph Beuys wäre jedenfalls inspiriert. Ich gehe gern dorthin mit meinem Rucksack voller Bücher. Die Kinder umarmen mich. Wir sitzen im Aufenthaltsraum im Kreis. Ich lese ihnen eine Geschichte vor. Die Plastikfolie um die ihnen mitgebrachten Bücher möchten sie nicht aufreißen. Das Gefühl ist unbeschreiblich; mir ist, als wäre ich heimgekehrt. Das merken die Kinder und es befremdet sie.

Im Oktober 1993 hatten wir uns in Schwalbach, dem Auffanglager für Asylbewerber, vorgestellt. Das Lager, unweit von Frankfurt gelegen, beherbergte Hunderte von Flüchtlingen. Um ins Lager eingelassen zu werden, mussten die Flüchtlinge vorschriftsgemäß an der Pforte sagen, dass sie um Asyl bitten. »Ich bitte um Asyl« war mein erster Satz in Deutschland. Mit meinen Vorstellungen von Deutschland aus den Erzählungen von meinem Vater hatte das Lager nichts zu tun. Es sah für mich nicht »deutsch« aus. Diese heruntergekommene Enklave, umzäunt und bewacht, hätte genauso in Moskau sein können. Der Himmel war verdunkelt. Es regnete. Die Menschen im Lager, die uns ziemlich ähnlich sahen, wirkten keineswegs glücklich. Aber wir hatten das erhebende Gefühl, endlich offiziell in Deutschland zu sein. Und wir folgten dem Rat unseres Don Fanucci, ihm vor dem Eintritt ins Lager die gefälschten Pässe zurückzusenden. Im Lager konnten wir uns nicht ausweisen. Das war nichts Besonderes. Ein streng blickender Mitarbeiter des Lagers brachte uns in unser Zimmer; der Raum mit einer kleinen Waschkabine war kühl und nicht sonderlich sauber. Wir trösteten uns damit, dass der Aufenthalt dort nur für kurze Zeit sei. Meine Eltern mussten zu getrennten Interview-Terminen. Um Ungereimtheiten beim Interview zu vermeiden, stimmten sie unsere Fluchtgeschichte detailliert ab. Sie zitterten so, als müssten sie bei Don Corleone vorsprechen. Nach allem, was passiert war, wollten sie nichts falsch machen. Am nächsten Tag war es so weit. Die Interviews verliefen ohne große Probleme. Doch das Asylverfahren nahm viel Zeit in Anspruch. Die meisten Flüchtlinge wurden abgelehnt. Aber auch die Ablehnung dauerte Monate. Zunächst wurden die Flüchtlinge in ein Übergangslager gebracht. Ob sie abgeschoben, geduldet oder anerkannt würden, bestimmte die weitere Reise. Wir mussten wie alle anderen warten, bis wir der Transferliste, die jeden

Morgen im Aufenthaltsraum aktualisiert aufgehängt wurde, entnehmen konnten, wohin wir gebracht wurden. Wir durften uns Kleider und Schuhe aussuchen, eine Art C&A für Flüchtlinge. Mir fiel auf, dass die Bewohner des Lagers fast uniformiert aussahen. Wir blieben für fünf Tage. Es war uns nicht erlaubt, das Lager zu verlassen. Dann ging es nach Darmstadt, wie wir es gewünscht hatten. Dort studierte mein Onkel. Ich konnte es kaum erwarten, endlich das richtige Deutschland zu sehen. Unser Bus, der noch zwanzig weitere Passagiere beförderte, fuhr uns in eine verlassene Gegend. Ich sah wieder eine Pforte, eine Enklave, eingezäunt und bewacht, und ein Containerlager. Wir zeigten unsere Papiere und versammelten uns im Essraum. Jede Familie bekam einen Schlüssel mit einer Nummer sowie Coupons fürs Essen.

Unser neues Zuhause war ein vierzehn Quadratmeter großer Container. In der Siedlung am Kavalleriesand waren dreihundert Bewohner aus zwanzig Nationen untergebracht. Wir Flüchtlinge fühlten uns als Helden. Wir hatten es geschafft. Um miteinander zu sprechen, benötigten wir keine gemeinsame Sprache. Schließlich verband uns, unabhängig davon, woher wir kamen, ein gemeinsames Schicksal. Die Fenster standen offen, aus jedem Fenster klang eine andere Musik über den Hof; Klagelieder aus jeder Kultur. Die einen zeigten ihre Narben, die anderen Fotografien ihrer Familie, ihrer Häuser, ihrer Heimat. Wir alle vermissten etwas und waren zugleich froh darüber, unsere Welt verlassen zu haben. Die Verständigung brauchte nur einige deutsche Wörter: »Viele, viele Schmerz!« war verständlicher als ein perfekt formulierter Satz.

Allmählich ließ das Hochgefühl nach. Wohin hatten wir es denn genau gebracht? Wir waren Teil einer Gruppe schlecht uniformierter, namenloser Menschen, ohne Identität, ohne irgendeine gesellschaftliche Stellung, ohne Arbeit, zum Nichtstun verdammt, eingekerkert in einem Getto. Dasselbe verstörende Gefühl wird in dem Film *Scarface* von Brian De Palma dargestellt; der Kubaner Antonio Montana (gespielt von Al Pacino) darf Kuba verlassen; er gelangt in die ersehnten Vereinigten Staaten; so strahlt er wie ein Held, endlich die Freiheit erlangt zu haben. Doch seine Freiheit besteht darin, in einem Sammellager »Freedom Town« zu leben; das Lager ist eingezäunt, er ist eingekerkert, es ist eine etwas muntere Art von Gefängnis. Erst nachdem er einen ehemaligen hochrangigen Kommunisten im Lager getötet hat, ein Auftragsmord, wird er mit einer Greencard aus dem Lager entlassen.

Unsere vierköpfige Familie saß also fest auf vierzehn Quadratmetern, hier saßen, aßen und schliefen wir viele Monate. Um duschen zu können, musste man Schlange stehen. Manchmal hörte man den Duschenden singen. Inmitten des Duschraumes befand sich die eigentliche Attraktion. Dort konnte man den sogenannten »Lagerfriseur« bei der Arbeit bewundern. Ein Mann aus dem Irak mit einem imposanten Schnauzbart, einer erstaunlichen Rückenbehaarung und einer Glatze, der jeden Wunsch einer Haarfrisur aus dem Gesicht der Kunden herauslesen konnte.

Essen erhielten wir dreimal am Tag gegen Coupons. In den ersten Tagen versuchten wir, uns daran zu gewöhnen. »In Europa isst man so«, sagten meine Eltern, aber es war einfach zu fad. Meine Mutter entdeckte schnell die Etagenküche, wo sie das Fertigessen würzte und etwas Geschmack hineinzauberte. Für unseren Lebensunterhalt erhielten wir 81 DM im Monat. Das Lager durften wir nur mit Erlaubnis verlassen, und ab 20 Uhr bestand Ausgehverbot. Wir gewöhnten uns ans Lagerleben. Nach drei Wochen durfte ich in der Küche des Containerlagers als Geschirrspüler arbeiten und verdiente pro Stunde zwei Mark. Das war viel für uns, und wir waren dankbar dafür.

Während der Weihnachtszeit 1993 besuchte eine Schulklasse das Containerlager. Ein Gedicht von Rudolf Otto Wiemer bildete das Motto des Besuches: »Es müssen nicht Männer mit Flügeln sein, die Engel.« Eine Schulklasse mit lauter Engeln schaute sich unsere Wohnsiedlung an, versuchte, uns kennenzulernen, spielte mit uns. Im Lager befanden sich siebzig bis achtzig Kinder. Die meisten waren zwar schulpflichtig, wurden aber nicht eingeschult. Acht Kinder wurden in die adventlich geschmückte Realschulklasse der Thomas-Mann-Schule in Arheilgen eingeladen. Auch ich gehörte zu ihnen. Nach anderthalb Jahren besuchte ich wieder eine Schulklasse, wenn auch nur als Gast. Ich hatte Herzklopfen, als wäre es meine erste Verabredung. Der Schulbesuch war überwältigend. Zwar verstand ich nicht viel, wenn geredet wurde, aber die Klassenlehrerin Ute Sucker, eine herzliche und willensstarke Frau, sorgte dafür, dass wir in der Pause Fußball spielten, zusammen aßen, und ich durfte Weihnachtssterne ausschneiden. Zurück im Containerdorf hatte ich nur einen Wunsch: wieder in die Schule zu gehen. Aber unsere Papiere ließen auf sich warten. Erst nach drei Monaten erhielten wir einen provisorischen Ausweis. Die Kinder in unserem Lager wurden für gewöhnlich nicht eingeschult, weil es ja nicht sicher war, wie lange sie überhaupt vor Ort blieben. Mein Verlangen nach der Schule aber war nicht zu bändigen. Daher sprachen meine Eltern mit dem Heimleiter und bekamen einen Zettel mit der Adresse der nächstgelegenen Schule. Es war im Februar 1994. In Darmstadt schien die Sonne. Nachdem mein Vater lange mit dem Schulleiter diskutiert hatte, nahm mich die Wilhelm-Leuschner-Schule auf. Ich durfte die 8. Klasse der Hauptschule besuchen. Solche Unterscheidungen kannte ich nicht. In Afghanistan gab es nur eine Schulform. Ohne Deutsch- und Englischkenntnisse würde mich auch keine höhere Schule aufnehmen. Ich wurde verpflichtet, neben dem regulären Unterricht den »Deutschkurs für Ausländer« zu besuchen. Meine erste Unterrichtstunde war Geschichte. Optisch fiel ich nicht besonders auf. Die neuen Klamotten aus dem Lager maskierten den fünfzehnjährigen Flüchtlingsjungen. Ich verstand während der ganzen Stunde kein Wort – außer dem Namen Kolumbus. Die Englischstunde danach war noch grausamer, weil wir ein Diktat schreiben mussten. Ich schaffte es, jedes Wort und sogar jedes Satzzeichen falsch zu schreiben. Ein einziges Rätsel für die Englischlehrerin, die auf meinem Blatt beispielsweise das Wort »Questschen Mark« entdeckte. Anschließend gab mir meine Klassenlehrerin eine Liste von Schulmaterialien mit, die ich benötigte. Noch nicht einmal eine Schultasche hatte ich. Aus dem Lager war ich der einzige Junge, der in die Schule ging. Als ich am Mittag zurückkam, wurde ich regelrecht gefeiert. Ich gab die Liste meinen Eltern; ihre Verzweiflung war groß. Sie sprachen mit dem Heimleiter und baten um Unterstützung. Als die Ärztin des Flüchtlingslagers von meiner Situation hörte, versprach sie, mir einige Sachen von ihren Kindern mitzubringen. Der Sozialarbeiter des Lagers schenkte mir seinen eigenen Taschenrechner, meine Eltern kauften mir die unterschiedlichen Hefte, die man in Deutschland braucht. Buntstifte hatte meine kleine Schwester für mich. Der Heimleiter schenkte mir einen Radiowecker und ein Lineal. Da die Ärztin nur Töchter hatte, wurde ich der stolze Besitzer einer pinkfarbenen Schultasche. Damit fiel ich allerdings auf.

Bald zeigte sich, dass der Schulunterricht nicht genügte, um zwei Fremdsprachen gleichzeitig zu erlernen. Mit finanzieller Unterstützung des Sozialamts besuchte ich viermal in der Woche abends Deutsch- und Englischkurse der Volkshochschule in Darmstadt. Es war mühsam. Die Bücher für den Kurs konnte ich mir nicht leisten. Die Hausaufgaben und Übungen für die Volkshochschule erledigte ich entweder im Bus oder während der Schulpause. Ich besaß jahrelang keinen Schreibtisch. Ich gewöhnte mich daran, auf dem Boden zu arbeiten. Wenn ich meine Hausaufgaben machte, sah ich so aus, als würde ich auf meinen Unterlagen schlafen.

Für die Klassenarbeiten lernte ich einfach den ganzen Stoff auswendig. Da ich bei der Arbeit die Fragen nicht wirklich begriff, suchte ich nach Schlüsselwörtern, die ich mit dem Gelernten verknüpfen konnte. Ich bekam mit dieser Methode die Bestnoten. Am Ende des 8. Schuljahres war ich Klassenbester. Meine Klassenlehrerin Susanne Erker, eine äußerst sensible und kluge Dame, schenkte mir ein kleines Taschenbuch mit dem Titel: *Abendländische Weisheiten*; ein Grundstein meiner Zukunft. Es war das einzige Buch, das ich neben dem Koran besaß. Ich trug es immer bei mir. Das Büchlein war klein und schmal und bestand ohne jede Einführung auf 300 Seiten aus rund 900 Weisheiten, die einfach aneinandergereiht waren. Ich las sie alle und immer wieder, ich las sie so oft, dass ich den ganzen Inhalt auswendig konnte. Damit war meine Fremdartigkeit endgültig besiegelt: Ich konnte als Bewohner eines Flüchtlingslagers und Schüler der Hauptschule keine zwei deutsche Sätze fehlerlos formulieren, aber ich war imstande, Sokrates und Montaigne zu zitieren, ohne dass ich verstanden hätte, was ich da von mir gab. In den Pausen war ich eine Attraktion; man gab mir ein Stichwort, und ich produzierte wie ein Hofnarr kluge Sätze: »Es mag sein, dass wir durch das Wissen anderer gelehrter werden. Weiser werden wir nur durch uns selbst« (Michel de Montaigne). Mit der Zeit passierte etwas mit mir. Das Abendland hatte mich in seinem Bann. Seine Weisheiten trug ich zunächst ohne Sinn und Kontext als Fragmente in mir. Aber die leeren Worte gewannen immer mehr an Fülle und Gehalt. Ich verstrickte mich in Welten, die ich verstehen wollte.

Im Sommer 1995 schloss ich die Hauptschule ab. Meine Schullaufbahn schien beendet. Die meisten Absolventen waren froh, endlich von der Schule erlöst zu sein. Ich sprach bei der Schulleitung vor, um an die Realschule zu wechseln. Mein Antrag wurde kategorisch abgelehnt. Nicht wegen meiner Noten. Man gab mir zu verstehen, dass ich nicht richtig einzustufen war; so ein Fall sei vorher nicht aufgekommen. Die einzige Möglichkeit, die mir blieb, war der Besuch einer Berufsfachschule. Berufsfachschulen sind für diejenigen vorgesehen, die keine Ausbildungsstelle finden, dauern zwei Jahre und haben unterschiedliche Schwerpunkte. Ich entschied mich für den Schwerpunkt Elektrotechnik, was ich ziemlich bald bereute, weil der fachbezogene Unterricht mich kaum interessierte. Warum konnte ich nicht eine Ausbildung machen, die ich wirklich wollte? Meine Erlebnisse hatten mich immer wieder an die Grenzen des Verstehens geführt. Was für einen Sinn ergaben viele Dinge? Wie viele Menschen sind in Kabul getötet worden! Wofür? Wie viele Menschen wurden obdachlos! Welches Leben führten die Flüchtlinge in Pakistan und im Iran! Was heißt es, zu flüchten? Ja, ich hatte keine Wahl. Ich wollte, ich musste verstehen. Mich berührte in dieser Zeit ein Text von Karl Jaspers. Er beschrieb den Zugang zur Philosophie aus der Betroffenheit zum Leben. Wer verstehen will, muss betroffen sein.

Unser Asylantrag wurde abgelehnt; wir nahmen einen Anwalt und legten Widerspruch ein. Das ist der übliche Weg. Mit dem Ablehnungsbescheid mussten wir das Containerlager verlassen. Im kommenden halben Jahr wurden wir von einem Flüchtlingsheim zum anderen gereicht. Immerhin befanden sich die neuen Heime in Mehrfamilienhäusern, die die Stadt dafür vorsah. Wir besaßen kaum etwas, sodass der Umzug eher einem Ausflug glich. Unsere Aufenthaltserlaubnis in Deutschland wurde nur für eine kurze Zeit verlängert. Um eine eigene Wohnung mieten zu können, hätten wir eine Aufenthaltsgenehmigung über mehr als drei Monate besitzen müssen; dasselbe galt auch für die Annahme einer Arbeitsstelle. Doch die Aufenthaltsgenehmigung ließ sich nur dann für eine angemessene Zeit verlängern, wenn die Flüchtlinge eine Arbeitsstelle hatten. Diesen Zirkelschluss hätte man humorvoll nehmen können, hätte er nicht so elementar unser Leben betroffen. Das Arbeitsamt verwies auf das Sozialamt und vice versa. Wir blieben also ohne Wohnung und meine Eltern ohne Arbeit.

Nach der zweijährigen Berufsfachschule hätte ich gleichzeitig die Mittlere Reife erhalten. Damit hätte ich dann bestenfalls eine Fachoberschule besuchen können. Mit dem Abschluss der Fachoberschule wiederum hätte ich bloß das Fachabitur erlangt; damit hätte ich zwar Zugang zur Fachhochschule, aber nicht zur Universität. Ich wollte aber Philosophie studieren. Mir war klar, dass ich so schnell wie möglich wieder an eine allgemeine Schule wechseln musste. Aber das war nicht leicht. Nach dem ersten Jahr auf der Berufsfachschule zeigte mein Notenspiegel eine klare Tendenz nach unten. Mich interessierten nur die allgemeinen und theoretischen Fächer. Dies spiegelte sich in meinem Zeugnis deutlich wider.

Wer mit gebrochenem Deutsch nach dem Wesen der Technik fragt, kann seinen Berufsschullehrer aus der Fassung bringen. Ich entwickelte mich langsam zu einem Quälgeist. Mein Klassenlehrer empfahl mir, die Schulform zu wechseln; es sei zwar nicht üblich, aber wenn ich eine Realschulklasse überzeugen könnte, mich aufzunehmen, dann stünde dem Wechsel nichts im Wege. Und ich spürte, wie mächtig Philosophie sein kann.

Ich kannte nur eine Realschulklasse, eben die, die uns zwei Jahre zuvor im Containerlager besucht und mich für einen Vormittag aus dem tristen Alltag des Flüchtlingsheimes entführt hatte. Also fuhr ich zur Thomas-Mann-Schule und fragte im Sekretariat nach Frau Sucker. Die Minuten, die ich auf sie wartete, währten eine Ewigkeit. Ich hatte keine Ahnung, ob sie sich überhaupt meiner entsann. Ich betete und erinnerte Gott voller Hoffnung an sein eigenes koranisches Wort: »Wahrlich, mit dem Schweren kommt die Erleichterung. Ja, mit dem Schweren kommt die Erleichterung.« Und ich wusste, dass mein Leben nicht in meiner eigenen Hand lag. Plötzlich stand Frau Sucker vor mir. »Ach, Milad!«, sagte sie. Und ich fragte hastig: »Hallo, Frau Sucker, kann ich Ihr Schüler werden?«, und überreichte ihr mein Zeugnis. Ihr kamen die Tränen. Sie drückte mich an sich und sagte leise: »Ja, du kannst!« Und ich erkannte, wie zart und fest die ewige Hand mich trägt.

Unser Asylantrag wurde zum zweiten Mal abgelehnt, und wir legten zum zweiten Mal Widerspruch ein. Mein Vater wurde im Schulamt wegen Arbeit vertröstet: Er sei auf einer Liste aufgenommen, er solle eine kurze Weile warten, man melde sich bei ihm. Ein Warten auf Godot. Auch das Diplom meiner Mutter als Zahnärztin wurde nicht anerkannt. Sie gab aber nicht auf und begann mit einem Praktikum in einer Zahnarztpraxis; sie wurde längerfristig eingestellt; so ließ sich unser Aufenthalt endlich verlängern; und wir konnten uns vom Leben in den Flüchtlingsheimen befreien.

1996 war ich Schüler der besten Realschule, die ich mir ausmalen konnte. Ich wurde von meiner neuen Klasse herzlich empfangen; alle kannten mich von meiner Zeit aus dem Containerlager, obwohl wir vor zwei Jahren gerade mal einen Tag miteinander verbracht und obwohl wir uns damals nur mit Handzeichen verständigt hatten. Um auf der Realschule zu bestehen, musste ich mich noch mehr anstrengen. Abends besuchte ich weiterhin die Volkshochschule, und ich machte Extra-Hausaufgaben, die ich von meinen Lehrern anforderte.

Enttäuscht war ich nur darüber, dass ich vom katholischen Religionsunterricht ausgeschlossen wurde. Den wollte ich aber besuchen, weil ich auf der Hauptschule nur den evangelischen Religionsunterricht mitbekommen hatte. Bekenntnisorientierter islamischer Religionsunterricht wäre mir als Möglichkeit nicht im Traum eingefallen. Ich hatte diese Stunde »frei« und entdeckte auf dem Schulhof die anderen Ausgeschlossenen. Da waren wir: Muslime. Wir verloren allerdings kein Wort über Religion. Wir waren Kanaken. Während die anderen über ihren Glauben reflektierten, spielten wir Fußball; und wenn es keinen Fußball gab, funktionierten wir einen anderen Gegenstand um, z. B. ein Mäppchen oder meine immer noch pinkfarbene Schultasche. Der katholische Religionsunterricht wurde das Beste, was die Schule mir (nicht) anzubieten hatte. Ein Jahr später schloss ich die Realschule ab.

Der Übergang von der Realschule zum Gymnasium ist ebenfalls nicht leicht. Nicht nur der Notendurchschnitt muss stimmen; gegebenenfalls muss man auch noch eine Aufnahmeprüfung bestehen und Gutachten beibringen. Ich wurde ohne Aufnahmeprüfung auf der Bertolt-Brecht-Schule aufgenommen – eine Ausnahmeeinrichtung. Die meisten Lehrerinnen und Lehrer waren zugleich auch Schriftsteller, Musiker oder Künstler. Gleich bei der Begrüßung sprach ein Lehrer zu uns, der an den Schüler Bertolt Brecht erinnerte. Der sei ein unangenehmer Typ gewesen; seinen Lehrern habe er das Leben schwer gemacht. Und genau diese Haltung erwarte er von uns. Ich fühlte mich äußerst angesprochen. Am Schluss seiner Rede erwähnte er noch nebenbei, er sei Lehrer für Philosophie. Ich konnte es kaum glauben, dass tatsächlich das Fach Philosophie auf dem Lehrplan stand. So fragte ich ihn: »Gibt es tatsächlich Philosophie als Fach?« Der Mann, der mich irgendwie an Immanuel Kant erinnerte, sagte mit bestimmter Stimme: »Gewiss!« »Darf ich Philosophie wählen, obwohl mein Deutsch nicht so gut ist?«, fragte ich hoffnungsvoll. Er lächelte, als würde er mich durchschauen, und erwiderte: »Selbstverständlich, Sie sollen denken, nicht reden! Mein Name ist Karlheinz Köhler. Auf Wiedersehen.« Die ersten Monate waren großartig und hart. Die kreative Atmosphäre der Schule war für mich ein großer Gewinn; aber ich beherrschte die deutsche Sprache immer noch nicht sicher. Zwar konnte ich mich einigermaßen über Schopenhauer und Nietzsche unterhalten. Doch der Alltag machte mir zu schaffen. Nach der ersten Klausur in Geschichte zog mir der Geschichtslehrer drei Punkte wegen sprachlicher Mängel ab. Als er mir die Klausur zurückgab, sagte er mir in aller Aufrichtigkeit: »Nicht jeder muss Abitur machen!« Im nächsten Schuljahr wurde er mein Deutschlehrer.

Ich setzte alles auf Philosophie. Ich las, was und wo ich nur lesen konnte, in der Schule, in den Pausen, am Esstisch, im Bus, beim Laufen und im Bett. Herr Köhler sah meine Leidenschaft für die Philosophie. Ich durfte nicht nur seine Privatbibliothek benutzen, sondern auch Philosophie-Abende für Schüler und Eltern organisieren und moderieren. Regelmäßig schenkte er mir Bücher, korrigierte meine Rezensionen und Essays. Zwischen uns entstand, was Hannah Arendt einst Heimat nannte; die einzige Heimat, die ich suchen wollte. Ich kämpfte um jede Note. Als ich in den Sommerferien Goethes *Faust* las, um für den Deutschunterricht vorbereitet zu sein, fiel mir auf, dass ich kein Wörterbuch mehr brauchte; ich las weiter, und die Worte schienen mir nicht fremd; sie waren meine Worte. Ich haderte nicht mehr mit der Sprache, sondern mit den Gedanken.

Ich machte Abitur, und mein Philosophielehrer verabschiedete mich mit den Worten von Ernst Bloch: »Der Mensch ist immer ein Lernender, die Welt ist ein Versuch, und der Mensch hat ihm zu leuchten.«

4. Wie uns der Krieg einholt

»Ich habe meine Organisation auf Angst aufgebaut.«
Al Capone

Wir hatten den Krieg, die Flucht und schließlich auch das Flüchtlingsdasein überwunden – so schien es. Die Illusion, dem unüberwindbaren Kraken entkommen zu sein, fühlte sich zuweilen real an. Doch ich hatte die Brutalität der Welt sehr früh und sehr intensiv beobachten können, ihre Zusammenhangslosigkeit und ihre Brüchigkeit, zu früh und zu intensiv, um einfach neu anzufangen. Meine Kinder- und Jugendjahre hatten mich gelehrt, dass der eigentliche Krieg in unserem Inneren tobt oder uns so sehr umgibt, dass wir mit dem Beunruhigenden und Unheimlichen vertraut geworden sind. Keinen Neuanfang zu machen bedeutete aber, verstehen zu wollen.

Ich begann das Studium der Philosophie und der Mathematik in Darmstadt; mein Philosophielehrer aus der Brecht-Schule schlug mich für ein Stipendium der *Studienstiftung des deutschen Volkes* vor. Bei den Auswahlgesprächen war ich unter vierzig Kandidaten der einzige Ausländer und der Einzige, der keinen Notendurchschnitt von 1,0 vorweisen konnte. Die Gespräche verliefen gut, bis ich gefragt wurde, wie ich meinen Glauben als Muslim verstehe.

Ich wollte eigentlich sagen, dass ich mich im Islam verwurzelt sehe. Aber um intellektuell zu wirken, schockierte ich mein Gegenüber. Ich erinnerte mich an ein Gespräch mit meinem Philosophielehrer, der mir erklärt hatte, dass der Begriff »radikal« aus dem lateinischen Wort »radix« herzuleiten sei und eigentlich verwurzelt bedeute. So antwortete ich: »Ich bin ein radikaler Muslim.« Ich sah, wie sich blankes Entsetzen auf dem Gesicht meines Gesprächspartners breitmachte. Zumal ich ihm vor einigen Minuten meine große Liebe zu Camille Claudel gebeichtet hatte. Auf seine Bitte, mich genauer zu erklären, fuhr ich in etymologischer Besessenheit fort: »Ich bin ein radikal fundamentalistischer Muslim.« Einer, der sich grundlegend in der Hingabe zu Gott verwurzelt sieht. Bevor ich erklären konnte, wie ich es meinte, unterbrach er mich; er schien mich plötzlich zu durchschauen, lächelte und sagte: »Sie sind eindeutig verrückt, aber willkommen in der Studienstiftung!«

Im September 2001 nahm ich an einer Sommerakademie der *Studienstiftung* teil. Diese Sommerakademien sind etwas Besonderes. Zwei Wochen arbeiten zwanzig Stipendiatinnen und Stipendiaten fächerübergreifend zusammen an einem Thema unter der Anleitung zweier renommierter Dozenten. Ich wählte das Thema »Religiöse und ästhetische Dimensionen des Koran« in der idyllischen Sommerakademie St. Johann; die Akademie wurde von dem Arabisten Hartmut Bobzin und dem Schriftsteller Navid Kermani, dessen Dissertation *Gott ist schön* frisch erschienen war, geleitet. Ich war fasziniert, zu hören, wie die intuitiven Erfahrungen aus meiner Kindheit, die ich gewissermaßen unter Kriegsbedingungen gemacht hatte, wie der Zauber des Koran und seine ästhetische Dimension in einem akademischen Umfeld und unter so ganz anderen Umständen vermittelt wurden. Ich wurde wieder und dieses Mal ganz anderes vom Koran in den Bann gezogen. Nach einer Woche Akademie kam der 11. September 2001, 9/11. Die Anschläge lösten in mir ein Wirrwarr der Gefühle aus. Ich war verstört, schwankte zwischen Unverständnis und einem infantilen Gefühl von Genugtuung. Genugtuung? Glaubte ich etwa nicht wie Amerigo Bonasera an Amerika? Amerika als Feindbild, ja als Projektionsfläche für all die Schmerzen, die ich seit meiner Kindheit mit mir trug? An der Akademie entstand noch am selben Tag eine befremdliche Gruppendynamik. Ich war nicht der Einzige, der einen islamischen Hintergrund hatte; plötzlich saß ich in einem Kreis, der vornehmlich von den muslimischen Stipendiaten geprägt war, etwas, was bis dahin nie vorgekommen war. Es generierte sich nonverbal eine kollektive Identität; wir fühlten uns als Täter und Opfer zugleich.

Am Abend wurden alle vorgesehenen Veranstaltungen abgesagt, und wir versammelten uns in einem Raum. Es wurde vom islamischen Terror gesprochen. Und urplötzlich mutierten wir Muslime zur Hauptattraktion. Auf einem Schlag kreierte sich ein »Wir«. *Wir* wurden gefragt, wie *wir* uns fühlen, was *wir* denken, wie *wir* es uns erklären können. In unserer Verstörung, in unserer vollkommenen Ahnungslosigkeit begannen wir zu lachen; wir fanden uns selbst befremdlich. Unsere Ironie war vorgetäuscht. Wir stellten unsere Cola-Gläser nebeneinander auf die Bar und bewarfen sie mit einem selbstgebastelten Papierflugzeug. Wir fielen nicht gerade positiv auf. Als der Gehirnforscher und Philosoph Gerhard Roth, der auch an der Akademie partizipierte, mich zur Seite nahm und fragte, was ich fühlte, als ich am Nachmittag zum ersten Mal von den Anschlägen gehört hatte, gestand ich ihm in aller Offenheit, dass irgendwas in mir sich gut fühlte – für einen flüchtigen, grausamen Augenblick. Wir sprachen in dieser Nacht lange über Hassbilder, Selbstverleugnung und die (Un-)Freiheit der Selbstzerstörung. Am nächsten Tag fiel es selbst dem erfahrenen Islamwissenschaftler Hartmut Bobzin schwer, die ästhetischen Reflexionen über den Koran einfach fortzuführen, aber diese Spannung war flüchtig. Da stand ich, ich als Muslim. Und ich war provoziert. Die ganze Bitterkeit meiner Kindheit und Jugend, die ich gerade als Gläubiger, ja leidenschaftlicher Gläubiger, gegenüber dem Krieg und der namenlosen Zerstörung empfunden hatte, holte mich ein. Es war wie das Durchbrechen eines eingekapselten Traumas, das die alltägliche Routine sprengt, ein Schock, den man einmal erlebt, aber nie verarbeitet hatte, eine untherapierte Phobie.

Was der Krieg bedeutet, war nicht von Interesse; im Mittelpunkt aller politischen und gesellschaftlichen Diskurse stand der Islam. Niemand blieb davon unberührt – vor allem nicht die nun als Muslime identifizierten Menschen.

In welchem Verhältnis stehen der Koran und seine Botschaft zu einer Form der Gewalt und Zerstörung, die – wie es später Navid Kermani festhielt – eher aus dem Geist des Nihilismus zu verstehen ist als aus der islamischen Tradition? Ich erinnerte mich, wie ich mich bereits als Kind fragte, wie es sein kann, dass diejenigen, die Tod und Verderben bringen, sich als »Gotteskrieger« bezeichneten. Die Legitimierung der Verbrechen, des organisierten Verbrechens, unter welchem Namen es auch immer aufgeführt wird, schien sich besser aus dem Gesicht von Marlon Brando in der Gestalt des Paten herauslesen zu lassen als aus dem Koran. Je mehr ich mich aber von all den Gräueltaten und Ideologien distanzierte, wenn es sein musste auch mit Belegstellen, umso mehr verwickelte ich mich darin.

Ich entschied mich noch am 11. September 2001, Islamwissenschaft zu studieren. Es gab keine Alternative zum Verstehen, aber auch eben kein Entkommen. Auch das lehrt uns die Mafia. In einer der Schlüsselszenen des dritten und letzten Teils von *Der Pate* gewinnt der Pate Michael Don Corleone die Einsicht, dass sein Bemühen, aus den Fängen der Mafia zu entkommen, gescheitert ist: »Gerade als ich dachte, ich bin raus, schon ziehen sie mich wieder rein.« Er verlor zwar nicht die Hoffnung und kämpfte weiter, musste dafür aber einen sehr hohen Preis zahlen: Seine Tochter wird vor seinen Augen ermordet.

Es ist kein Zufall, dass gerade die Einsicht des Michael Don Corleone in die Unmöglichkeit, der Mafia zu entrinnen, in der amerikanischen Mafiakultserie *Die Sopranos (The Sopranos)* immer wieder parodiert wird durch Silvio Dante, den »Consigliere« des italo-amerikanischen Mafiachefs Tony Soprano. Silvio Dante, stets in glänzende und schrille Anzüge gekleidet, verkörpert die Mafia als ein historisch gewachsenes Ideal, das er mit ins Groteske überzeichneter Würde vertritt. Wenn er von der Mafia spricht, eben »This thing of ours«, zittert die Luft. Sil, wie er von seinen Freunden genannt wird, erinnert mit seinen Godfather-Inszenierungen daran, dass es kein »Außerhalb« der Mafia gibt. Selbst Salvatore Bonpensiero (alias Big Pussy), der eigentlich ein Informant für das FBI ist und für seinen Ausstieg ins Zeugenschutzprogramm arbeitet, fordert Sil auf, »doing Al Pacino«: »Es gibt kein Entkommen aus unserer Sache.« In der Parodie von Silvio Dante kann Big Pussy sich sein eigenes tragisches Schicksal vor Augen führen, um es zugleich zu belächeln. Die Mafia erzählt von uns. Sie erzählt von uns, indem die Mafia die Wirklichkeit derart entziffert, dass ihre äußerste Möglichkeit ans Licht kommt. Die äußerste Möglichkeit der Wirklichkeit ist ihre Verneinung. Diese Verneinung, in ihrer subtilen Gestalt einer *Familie*, aus der kein Entrinnen möglich ist, manifestiert sich als Krieg. Was auf die Oberfläche der Leinwand kommt, stellt einen hervorragenden Gegenstand dar, um unsere Welt zu analysieren. Eine Welt, deren Beschaffenheit uns Silvio Dante vor Augen führt: Die Welt als »This thing of ours« ist Krieg. Nur der Tod bietet ein Entkommen. Ein Mitglied der Soprano-Crew begeht Selbstmord, nachdem sein Antrag auf Entlassung selbstverständlich abgelehnt wird; er konnte sich nicht einmal freikaufen. Der Krieg ist wie die Mafia. Überall, abwesend und anwesend zugleich. Er ist ein Geflecht, das sich über den ganzen politischen, ökonomischen und sozialen Körper verteilt. Der Krieg dringt in den Körper, der Krieg befällt jedes Glied.

Die einzelnen Mitglieder der Soprano-Crew aus New Jersey betrachten sich ja auch als Soldaten. Selbst der

Boss der Familie, Tony Soprano, betont explizit, dass er sich im Krieg befinde. Er insistiert darauf vor allem in einem Gespräch mit seiner Psychiaterin, um zu begründen, warum er es nicht verdient habe, in die Hölle zu kommen. Die Deklaration des Kriegszustandes bedeutet für Tony Soprano, dass jede Ermordung und jedes andere Verbrechen als Notwehr zu verstehen ist. Paul Gualtieri (Paulie Walnuts) als Kapo und langjähriges Mitglied der Familie beauftragt einen Maler damit, Tony Soprano auf einem Gemälde als General zu verewigen, und versichert Tony, dass er ihn als einen solchen betrachte. Um sich zu entspannen schaut Tony Soprano alte Kriegsfilme an; sein Lieblingsbuch ist *Die Kunst des Krieges* von Sunzi. *Die Sopranos* bildet nicht die Realität ab; die Serie zielt auch nicht darauf, diese oder gar eine andere Realität zu schaffen; *Die Sopranos* (re)produziert das Trauma. Darin besteht der unbestechliche Realismus der Serie. Der Zuschauer wird mit seinem eigenen Trauma konfrontiert, das macht den Horror der Serie aus, ohne dass sie uns eigentlich Horror präsentiert. Der Krieg ist das Trauma. Und das Trauma ist der Krieg. Es geht um jenen Krieg, der sich in die alltägliche Routine eingeschlichen hat, den Krieg, der Frieden vorspielt, den verdrängten Krieg. Wir Zuschauer verstricken uns in den Verdrängungsmechanismen, indem wir das Trauma als virtuelle Realität übersetzen. So sehen wir nicht einfach einen fiktiven Krieg im Mantel einer Mafiageschichte; vielmehr wird uns die dunkle Seite der Realität vor Augen geführt. Diese *andere* Realität, das Traumatische, findet in den Kategorien der Medien statt.

Der erklärte Krieg von Georg W. Bush gegen den Terror, den er mit einem Angriff in Afghanistan zu beginnen glaubte, befremdete mich, weil der amerikanische Präsident damit suggerierte, dass sich die USA und mithin die Welt erst jetzt in den Krieg begebe. Als hätte Frieden geherrscht; als hätte der Krieg erst nach dem 11. September begonnen. Das mystifizierte den Krieg. Mir war bereits als Kind in Kabul der Name Osama bin Laden nicht fremd. Und zumal die USA hatten nicht wenige Jahre gegen die Sowjetunion Krieg geführt – auch und vor allem in Afghanistan war dieser Krieg keineswegs »kalt«.

Der Grund, warum ich mich entschied, Islamwissenschaft zu studieren, bestand nicht darin, zu eruieren, ob der Islam ein besonderes Gewaltpotenzial besitzt; die Geschichte lehrt, dass Menschen im Namen jeder Religion und Weltanschauung Gewalt ausüben; als jemand, der die Nähe und Verwandtschaft zwischen dem Islam und den Werten der europäischen Aufklärung lebt, haderte ich nicht mit eng geführten Klischees über meine Religion. Mein Beweggrund bestand vielmehr darin, zu ergründen, was es heißt, ein Muslim zu sein. Was heißt es, mit Leidenschaft religiös zu sein, ohne dabei das Gefühl zu haben, sektiererisch zu sein? Was zeichnet mich aus in einer Welt, die mich in vielfältiger Weise mit Krieg, Terror und Schuld verstrickt, wenn ich mich als Muslim begreife? Mir schien es gerade deshalb bedeutsam zu sein, für meinen Glauben Verantwortung zu übernehmen.

5. »Geh tausendmal – und komm dann zehntausendmal zurück!« (Mirza Ghalib)

»Si no c'e nuddu Ca s'a affacia A lu barcuni«
Aus dem sizilianischen Lied *Brucia La Terra*

Ein Mittwochnachmittag im Süden von Delhi auf einer stark befahrenen Straße. Eine alte Gasse öffnete sich nach rechts. Rikschas verdeckten den Blick. Aus den Tiefen der Gasse war Musik zu hören, die zusammen mit der Musik, die aus den Rikschas drang, ein merkwürdiges Hörspiel ergab. Gleich am Anfang der Gasse saß eine Bettlerin; sie rieb sich kreisförmig den Magen, streckte ihre rechte Hand den Passanten entgegen. Ich fühlte mich unwohl, ihr nichts zu geben; hinter ihr stand ein Junge von ungefähr acht Jahren, der versuchte, einen Drachen aufsteigen zu lassen. Die Gasse war belebt; sie entpuppte sich rasch als eine dichte und belebte Straße; Katzen und Hunde, Kühe, Kinder, Mädchen und Jungen, Frauen und Männer, alte und gebrechliche Menschen, Menschen mit Behinderungen, Verstümmelungen und Hautkrankheiten bestimmten das Bild. Der Rhythmus der Straße war nicht gleichmäßig. Auf der rechten Seite waren vor einem großen hölzernen Tor Schuhe und Sandalen versammelt; ein Mann mit weißer, langer Tracht öffnete das Tor und ging hinein, musste sich dabei ein wenig bücken, und ich folgte ihm; meine Schuhe zogen sich wie von alleine aus. Sofort war ich ergriffen von der stimmungsvollen kleinen Moschee; die meisten Betenden trugen eine weiße Kopfbedeckung. Ein kleiner Junge stand auf, ging nach vorne und verrichtete den Gebetsruf. Das Nachmittagsgebet vollzieht sich in vier Einheiten; eigentlich wollte ich nicht gleich wieder hinaus, aber die Menschenmenge beförderte mich nahezu wie von selbst nach draußen.

Die Straße verzweigte sich, und der Duft des Rosenwassers, verbunden mit dem Farbenspiel der bunten Tücher, die durch den leichten Wind hin und her schwebten, zog mich zur linken Seite. Mit kleinen Läden waren die beiden Seiten dieser Gasse geschmückt; Talismane und frische Rosen, die aneinandergekettet waren, Bäckereien und Restaurants, die nach Grillhähnchen, Gewürzen und indische Süßigkeiten dufteten, waren ebenso zu finden wie eine kleine Buchhandlung. Auf der linken Seite der Gasse tauchte plötzlich ein Gebäude auf, einige Treppenstufen führten zu einem großen Tor. Auf der Treppe saß ein Mann; er war barfuß; ein anderer Mann saß hinter ihm und schnitt ihm vollkommen unbeschwert die Haare. Darüber war in Urdu zu lesen: *Ghalib Akademie*. Mirza Ghalib war jedoch kein berühmter Friseur, sondern ein großer Dichter aus dem 19. Jahrhundert. Eine etwas dunkle Treppe führte nach oben; im ersten Stockwerk stand die Tür offen. In einem relativ kleinen Raum befand sich die Bibliothek. Der Bibliothekar, vom Alter gezeichnet und mit einer von Weisheit durchschienenen Beseeltheit, begrüßte mich mit Handschlag. Wir kannten einander. Er wusste, warum ich unermüdlich oft dorthin kam. Zusammen tranken wir einen indischen Chai, sprachen über seine Lieblingsverse des Dichters, über die deutsche Orientalistin Annemarie Schimmel, die er genauso bewunderte wie ich, bevor ich an meinem gewohnten Tisch Platz nahm. Er brachte mir gleich die Bücher. Mirza Ghalib – als Kind habe ich in Kabul eine ergreifende Fernsehserie über ihn gesehen, seine Gedichte wurden mit der Stimme des großen Ghazal-Sängers Jagjit Singh vertont. Ghalib hat sowohl auf Persisch als auch auf Urdu Gedichte geschrieben. Seine Gedichte, kompromisslos und authentisch, bergen eine unerreichte Romantik in sich, und zugleich zeichnen sie den Schmerz des Menschen so plastisch und spürbar nach, dass er sowohl in Indien als auch in Pakistan zu den großen Literaten gezählt wird. Er ist der Mann, der mich nach Indien gezogen hat; er ist der eigentliche Grund, warum ich überhaupt Urdu gelernt habe. Und nun war ich in Indien, in Delhi, in der Wahlheimat des Dichters, und absolvierte hier mit meiner Frau mein Auslandsstudium. Eigentlich hatte ich vor, nach Frankreich zu gehen, um dort die französische Philosophie zu studieren, aber kurz zuvor begegnete ich meiner Frau, wie Marlon Brando einmal sagte: »Alle Komplikationen entstehen dadurch, dass man der Frau des Lebens nur einmal begegnet.« Sie hat, wie üblich, alles auf den Kopf gestellt. Ihr Interesse für die indische Geistes- und Kulturgeschichte ging so weit, dass sie sich zuweilen indisch kleidete. So fiel sie mir auf; und ich dachte, wenn ich ihr Herz erobere, dann kann ich eine vorbildlich-interreligiöse Ehe führen; wenn sie als halbe Griechin und halbe Deutsche vielleicht noch Hegel oder Platon als Nachname hätte, könnte ich mir überlegen, ihren Namen zu übernehmen. Nun behielt ich meinen Namen, und das eigentlich Schockierende war zu allem Überfluss, dass sie doch keine Christin war, sondern sich bereits seit ihrem 16. Lebensjahr als Muslimin entdeckt hatte. Das war enttäuschend. Am Anfang versuchte ich ihr darzulegen, wie plausibel und berührend die Christologie und die Trinität seien und wie erhebend die heilige Messe; aber sie war nicht zu überzeugen. Sie erklärte mir, dass sie sich nicht deshalb als Muslimin verstehe, weil sie der Islam im Unterschied zum Christentum intellektuell überzeuge; sie habe großen Respekt vor dem Christentum und sie sei berührt, wenn sie ihre griechisch-orthodoxe Mutter dabei erlebe, mit welcher Liebe sie der Maria gedenke; vielmehr bewege sie der Islam spirituell, er habe ihr Herz ergriffen.

In Indien wollten wir gemeinsam ein akademisches Jahr verbringen; ich nahm mir vor, indische Philosophie zu studieren, meine Urdu-, Hindi- und Sanskritkenntnisse zu erweitern und vor allem, mich mit den Dichtern Mirza Ghalib und Muhammad Iqbal auseinanderzusetzen. So verbrachte ich sehr viel Zeit in diesem Raum mit Ghalib. Eigentlich durfte ich gar nicht dort sein; an der Delhi-Universität wurde ich im selben Moment in einem Seminar über *Mythen und die indische Geschichte* vermisst. In Indien kann man nicht einfach an der Universität studieren. Ich war zwar in vielen Kursen eingeschrieben, besucht habe ich aber nur ganz wenige. Die meiste Zeit verbrachte ich an Orten wie der Ghalib-Akademie, an Musikschulen, oder ich lief einfach durch irgendwelche Gassen, saß an einer Ecke und zeichnete. Die Stunden mit Ghalib verflogen jedenfalls wie im Flug, und den Grund, warum ich ausgerechnet mittwochs in der Ghalib-Akademie studierte, durchschaute irgendwann auch der Bibliothekar. Als ich die Akademie verließ, fiel mir ein Mann auf, der mit seinen verstümmelten Beinen die Gasse zu überqueren versuchte; zwei mit Brot beladene Schubkarren standen da, und er zog sich mühevoll zwischen beiden weiter; spontan wollte ich ihm helfen, doch als ich mich zu ihm hin bewegte, verließ mich der Mut, mich ihm tatsächlich anzunähern. Er blicke mich an und sah, dass ich ihn aufmerksam und unbeholfen beobachtete; er sagte mir, er habe Hunger; er wolle kein Geld, er sei kein Betrüger, nur für etwas Essbares wäre er dankbar. Ich nickte ihm freundlich zu; blitzartig umkreisten mich mehrere Jugendliche, die ihm für geringfügiges Geld ihre Speisen anboten. Ich war überfordert und fragte ihn, was *er* denn wolle; er sagte: »Ich will einfach nur ein Stück Brot.« Dabei wurde er von den Jugendlichen heftig angeschrien, warum er Brot haben wolle, wenn er doch die Möglichkeit habe, jede Speise zu bestellen, die er begehre. Doch er wiederholte seine Worte: »Mujhe roti chahiye, bass.« Er bekam sein Brot. Langsam brach die Dunkelheit herein.

Gegen Abend, während die Hitze des Tages allmählich abnahm, verwandelte sich auch die Gasse in einen belebten Pilgerweg. Menschen strömten in die Tiefe der Gasse, kauften Blumen, Tücher und Brot. Und auch ich begab mich auf diesen Weg, kaufte Rosen und ein weißes Tuch, das der Verkäufer um meinen Hals wickelte. Am Ende der Gasse zog ich wie die anderen Suchenden meine Schuhe aus, gab sie einem Jungen, der auf einer selbst errichteten Bank saß, um die Schuhe entgegenzunehmen. Er drückte mir einen fast unlesbaren Papierfetzen in die Hand, versehen mit einer Nummer. Ich ging hinein ins Mausoleum von Nizamuddin Auliya (gest. 1325), einem beliebten und einflussreichen islamischen Mystiker. Seine Grabstätte zieht zahlreiche Menschen aus jeder Kultur und Religion an. Nach ihm ist die ganze Gegend benannt. Bevor ich zu seinem Mausoleum gelangte, kniete ich für eine Weile zunächst vor dem Grab meines geliebten Dichters Mirza Ghalib, verteilte einige Rosen auf seinem Grab, das restlos von Rosen bedeckt war.

Auf dem Weg zur Grabstätte von Nizamuddin packte ein alter, geduckter Mann meine Schulter mit den Worten: »Salam alaykum, Friede sei mit dir!« Ich erwiderte den Gruß. Er hielt ein sehr altes und großes Heft in seinen trockenen und faltigen Händen. Er fragte nach meinem Namen, während er sein Heft öffnete. Ich sagte ihm meinen Namen, er wollte den Namen meiner Eltern und Großeltern wissen. Auch diese Namen konnte ich ihm nicht vorenthalten. Er blätterte eine Weile hin und her, und plötzlich lächelte er mich an und sagte erleichtert: »Ich habe dich.« Er zeigte mir die Seite und die Zeile, in der die Namen meiner Eltern zu lesen waren; ich erkannte die Handschrift meines Vaters, dessen zitternde Hand sich mir vergegenwärtigte; meine Hand berührte die Zeile, und mir kamen die Tränen. Der alte Mann drückte erneut meine Schulter und gab mir den Stift, ohne etwas zu sagen. Ich schrieb meinen Namen darunter und bedankte mich. Wird auch eines Tages mein Sohn meine Handschrift entdecken können?

Das schönste Geschenk, das Anthony seinem Vater Michael Corleone macht, ist nicht, wie er sich ausmalt, als Rechtsanwalt an seiner Seite zu arbeiten; Anthony singt für seinen Vater ein sizilianisches Lied an dem Ort, an dem er seine große Liebe, die schöne Apollonia, verloren hat. Kurz darauf schenkt Michael Corleone seinem Sohn eine Zeichnung, die er als Kind »vor langer, langer Zeit« für seinen Vater gemacht hatte. Auf der Zeichnung ist sein Vater in einem Auto zu sehen. Aus seiner kindlichen Handschrift ist zu lesen: »Vater«.

Während ich das Tuch am Grab des Meisters ausbreitete, erinnerte ich mich daran, wie wir auf unserer Flucht aus Kabul nach Delhi kamen; und wie ich an der Seite meiner Eltern am selben Ort stand und mein Vater all das vollzog, was ich gerade tat. Um das Mausoleum herum sind Gitter angebracht, an denen die Betenden und Bittenden – Muslime, Christen, Hindus und Sikhs – ein rotes oder grünes Band anbringen und Gott bitten, an diesem wundervollen Ort eines Menschen, der von Liebe durchströmt war, ihre Wünsche anzunehmen. Für mich war es ein besonderer Augenblick, zu sehen, wie eine Christin um das Grab des muslimischen Mystikers herumkreiste und dabei innigst ihr Kreuz am Hals festhielt. Es war wohl kein Zufall, dass ich an diesem Mittwochmorgen erfahren hatte, dass ich eine vorgesehene Assistentenstelle am Lehrstuhl für christliche Religionsphilosophie an der Universität Freiburg nicht bekommen würde – nicht wegen meiner wissenschaftlichen Qualifikation, sondern aufgrund meiner Religionszugehörigkeit. Der Lehrstuhlinhaber, dem ich viel zu verdanken habe, hatte alles versucht; aber mein Glaube stand im Weg. Genau derselbe Glaube, der am Mausoleum des Mystikers als das Verbindende fungierte. Wenn Ghalib es nicht geschafft hatte, meine Enttäuschung vergessen zu machen, so war sie in diesem Augenblick vergangen.

Mausoleum heißt auf Persisch und Urdu »dargah«, das »Tor«, das Tor der Hoffnung. Ich dachte dabei an die Hände meiner Mutter, die voller Hoffnung damals die Bändchen an dem Gitter befestigte, und ich tat es ihr nach.

Die Besonderheit vom Mittwochabend besteht darin, dass sich an diesem Abend Musiker im Mausoleum einfinden, die mit ihrer Qawwali-Musik, Sufimusik, bis in die nächtlichen Stunden hinein singen. Die Musikgruppe saß auf dem Boden inmitten des Hofes direkt vor dem Mausoleum von Nizamuddin. Die Gruppe bestand aus einem Tabla-Spieler sowie drei Sängern, die polyphon sangen und zugleich den Rhythmus mit den Händen klatschten; weitere zwei Musiker begleiteten die Sänger mit dem Harmonium, ein im 19. Jahrhundert von englischen Missionaren mitgebrachtes Instrument. Sie waren Qawwali-Sänger.

Qawwali ist eine mystische Gesangsrichtung, die vor allem von den Muslimen auf dem indischen Subkontinent, aber auch in Pakistan und Afghanistan praktiziert wird. Traditionell stellt der Qawwali eine Kunstform dar, die in den Familien über Generationen hinweg weitergegeben wird. Verwurzelt ist der Qawwali in der islamischen Mystik; die Musik erregt und intensiviert die Liebe zu Gott derart, dass die Musiker und die Hörer im Idealfall in Ekstase verfallen. Der Qawwali soll am Hof des nordindischen Delhi-Sultanats am Anfang des 14. Jahrhunderts von dem Dichter Amir Khusro, der auch in der Nähe von Nizamuddin begraben liegt, eingeführt worden sein. Qawwali wurde von der klassischen indischen Musik beeinflusst; der Qawwali-Sänger Nusrat Fateh Ali Khan (gest. 1997) konnte es mit seiner einzigartigen Stimme schaffen, dass Qawwali auch mit den westlichen Musikformen wie Pop und Rock in Berührung kam und weltweit rezipiert wurde. Die Gesänge entstehen im Akt der Inszenierung, sie sind improvisiert und verwenden als Grundlage klassische Gedichte. Dabei wird in Ergänzung zum Harmonium und zu der Tabla (Trommel) rhythmisch geklatscht; der polyphone Gesang erzeugt dabei ein erhebendes Gefühl.

Nusrat Fateh Ali Khan gilt als der wohl weltweit bekannteste Qawwali-Sänger und als einer der wenigen muslimischen Künstler der jüngeren Zeit, die auch unter Nichtmuslimen hohe Bekanntheit und hohes Ansehen besitzen. Er besaß eine Sechs-Oktaven-Stimme und konnte auf einem hohen Niveau von Intensität für mehrere Stunden singen. Nusrat Fateh Ali Khan arbeitete zusammen mit verschiedenen westlichen Künstlern, darunter dem Musiker Peter Gabriel. Jazz-Fans pilgerten ebenso zu seinen Konzerten wie Opernliebhaber. Für das Musikmagazin *Rolling Stone* hat er jedenfalls »die beste Stimme der Welt«.

Der Klang des Harmoniums und der Tabla erfüllte die Atmosphäre von Nizamuddin-dargah, die Grabstätte war mit bunten Lichtern geschmückt; ein leichter Wind wehte durch den Hof hindurch; aus den ersten Klängen war das Lied von Nusrat Fateh Ali Khan zu erkennen, das im Film *Dead Man Walking* zu hören ist mit dem Opening: *Jina kaisa pyar bina* (*Wie leben können ohne Liebe*); ich lehnte mich an eine Ecke des Hofes – und es war Frieden.

Nach einer Weile stand ein Junge vor mir; er wird wohl sieben oder acht Jahre alt gewesen sein; die Beule an seinem Kopf war derart groß und verformte sein Gesicht, dass es ihm sichtlich unangenehm war; seine traurigen Augen sagten bereits alles, ohne dass er gebettelt hätte. Ich streichelte seine Beule, und mir war der Frieden entflogen.

6. Kalliope oder: Warum die Schönheit die Welt erlöst

»Wer immer nur nach dem Zweck der Dinge fragt, wird ihre Schönheit nie entdecken.«
Halldór Laxness

In Kabul wanderte einst Kalliope (Καλλιόπη); die älteste, erstgeborene der als Musen bekannten Töchter von Mnemosyne und Zeus war dazu berufen, die Seelen der Menschen in Kabul mit ihrer Kunst zu durchströmen. Die Muse der epischen Dichtung, die Schönstimmige, beseelte die zerrissenen Herzen; und noch heute erzählen die Ruinen der Stadt von ihrem Schmerz – ihre Stimme ist voller Takt, rhythmisch, wenn sie auch die Spuren einer tragischen Vergangenheit trägt, die nicht entschwinden will.

Kalliope war und ist diesen Menschen immer gegenwärtig; die meisten Afghanen vermögen weder zu schreiben noch zu lesen, aber die Dichtung ist ihnen nicht unbekannt, im Gegenteil: Die großen Poeten der persischen Literatur und deren Verse sind fest in ihren Herzen verankert. Der Feldarbeiter singt bei der Arbeit, während er auf seinem Esel sitzt; und er singt nicht irgendein Lied; die Zeilen, die aus seinem Mund erklingen, sind Verse der großen Dichter Hafiz oder Rumi. Die Menschen kennen nicht nur ein oder zwei Gedichte; ich hatte in Kabul den Eindruck, Hafiz und

Rumi lebten förmlich in und unter ihnen. Ob sie Taxi fahren, als Putzfrau arbeiten oder einfach als Metzger – kein Tag vergeht, an dem sie nicht ihre Dichter sprechen lassen. Der Krieg zerstörte viel, sehr viel, zu viel, aber die schönen Seelen der Menschen in Afghanistan, in Kabul, die ich bewunderte, schienen umso tiefer in diese Gedichte einzutauchen, je mehr Leid ihnen zugetragen wurde.

Mein Kabul, so dachte ich immer, ist getragen von einer poetischen Spannung; eigentlich durfte man das Haus nicht verlassen, ohne poetisch gut gewappnet zu sein. Wenn ich einkaufen ging, lautete die erste Frage des Gemüseverkäufers nicht etwa, was ich denn haben wolle; er forderte mich gleich heraus: »Na, Wuschelkopf, du gehst doch sicher in die Schule, kannst lesen und schreiben; sag mir doch zwei Verse auf, die mit dem Buchstaben *P* beginnen! Und ich wette, egal mit welchem Buchstaben deine Verse auch aufhören, ich werde dir Zeilen von Hafiz mit demselben Buchstaben aufsagen, die du noch nie gehört hast.« Eigentlich wollte ich Möhren kaufen, aber wer denkt schon an Möhren, wenn man gerade einen Poesiewettbewerb zu meistern hat. Ich gebe zu, der Gemüseverkäufer hat immer gewonnen. Die Zuschauer, die sich allmählich in seinem Laden begeistert und still versammelten, litten mit mir und meiner Unfähigkeit; und irgendwann wurde ich von einem anderen Mann mit den Worten abgelöst: »Was lernst du denn in der Schule, Junge? Du solltest besser aufpassen! Kein Wunder, dass es unserem Land so elend geht.«

Die literarische, vor allem die poetische Kultur ist mit den Menschen innerlich verwoben. Die Beliebtheit der

Sänger misst sich daran, welche klassischen Gedichte sie singen und ob sie die darin enthaltenen Worte auch adäquat intonieren. Natürlich standen wir Schüler in den Pausen um unsere Lehrer herum, die während ihrer Aufsicht den sogenannten »Gedichtkampf« inszenierten. Vielleicht liegt es am Koran, der mit seiner unendlichen Poesie den Wert des gesprochenen Wortes hervorhebt, vielleicht liegt es auch an unserem kulturellen Charakter, der es vermeidet, das Gefühlte und Gedachte direkt und entblößt auszudrücken, der vielmehr das Gemeinte vermittelt, indem er es mit Metaphern und Bildern umkleidet – der andere muss es fühlen. So entsteht eine Art kulturelle Scham; niemals wird eine Frau mit den Worten umworben: »Du hast schöne Augen.« In Kabul würde man hingegen voller Anmut sagen: »Das Feuer, womit dein Blick mich entfacht, muss aus einem Meer aus lichtem Morgen und tiefer Nacht entsprungen sein, in dem ich versinken will.« In Kabul, einer Stadt, die seit geraumer Zeit zusammenzubrechen droht, ist die Schönheit, die mit der Sprache verflochten ist, von existenzieller Bedeutung.

Dostojewski lässt Fürst Myschkin, den Protagonisten seines Romans *Der Idiot*, sagen: »Die Schönheit wird die Welt erlösen.« Doch kurz bevor er an der Schwindsucht stirbt, fragt der junge Ippolit den Fürsten Myschkin: »Ist es wahr, Fürst, dass Sie einmal gesagt haben, die Welt wird durch die Schönheit erlöst werden? Meine Herrschaften«, ruft er plötzlich der Gesellschaft zu, »der Fürst behauptet, die Schönheit werde die Welt erlösen! Ich aber behaupte, dass er auf so sonnige Gedanken bloß kommt, weil er verliebt ist.« »Was ist das für eine Schönheit«, fährt er fort, »die die Welt erlösen wird?« Der Einspruch des Jungen leuchtet nicht allein deshalb ein, weil Ippolit die Erkenntnis des Fürsten nicht mit seiner eigenen existenziellen Erfahrung des Leids und des Schmerzes vereinbaren kann. Nein, Ippolit hat schlicht recht, wenn er bemerkt, dass die Schönheit als Bedingung und Vollzug der Erlösung nur auf Verliebtheit zurückzuführen ist. Doch von welcher Verliebtheit ist die Rede?

Die Schönheit, die sich für die Menschen in Kabul aus allen anderen Lebensbereichen verflüchtigt hat, ist in ihrer Religion und ihrer Dichtung geblieben, aber diese Schönheit macht sie nicht satt – zumindest nicht den Bauch –, sie hat überhaupt keinen Gebrauchswert, keinen Nutzen. So ist auch der Ärger von Michael Don Corleone zu verstehen, der nicht verstehen kann, warum sein Sohn kein Rechtsanwalt werden und sein Jurastudium abbrechen will. »Ein Jurastudium ist eine Versicherung«, betont er – ohne Erfolg. Erlösung und deren Verquickung mit der Schönheit bestimmen die innere Dramaturgie des abschließenden Teils der Filmtrilogie *Der Pate.* Im Mittelpunkt steht die Person von Michael Don Corleone. Die Familiensaga der Corleones zeigt in diesem dritten Teil den Versuch Michaels, die Illegalität zu verlassen. Seine Vergangenheit scheint hinter ihm zu liegen, aber das ist eben nur ein Schein. Seine Verstrickung in Schuld und Verbrechen, sein Name und der Name seiner Familie, den er mit Geld reinwaschen will, sind ein Spiegelbild seiner inneren Verflechtung. Je mehr er sich vom organisierten Verbrechen, seiner Vergangenheit, distanzieren will, umso tiefer gerät er in die Schuld. Er scheitert – äußerlich und innerlich. Erlösung ist nicht käuflich, und das neue Gesicht, das er sucht, um alles rückgängig zu machen, existiert nicht. »Ich habe getan, was ich konnte, um euch vom Schrecken dieser Welt zu schützen«, sagt er seiner Exfrau, woraufhin sie ihm entgegnet: »So wurdest du mein Schrecken.« Er sucht nach Erlösung, aber er kann keine seiner Taten bereuen. Immer und immer wieder würde er seinen Bruder Fredo ermorden lassen, der ihn und die Familie verraten hat. Das macht seinen nicht endenden Schmerz aus. Doch der Mord am eigenen Bruder, unabdingbar für den Schutz der Familie, ist der Anfang vom Zerfall der Familie als einem Wert. Für Michael Corleone gilt: Die Familie ist sein Anfang und sein Ende. Am deutlichsten ist die Unmöglichkeit seiner Erlösung am Sarg seines alten Freundes zu spüren, wenn er in tiefer Rührung sagt: »Ich wollte Gutes tun ... Was hat mich in die Irre geführt? Mein Verstand? Mein Herz? (...) Ich schwöre beim Leben meiner Kinder, gib mir eine Chance, alles wiedergutzumachen, und ich würde nicht mehr sündigen, nie wieder.« Dieser dritte Teil der Filmtrilogie sollte deshalb auch ursprünglich »Der Tod von Michael Corleone« heißen, eine Idee von Mario Puzo und Francis Ford Coppola, die sich gegen das Filmstudio nicht durchsetzen konnte.

Die einzige Figur, die sich aus dem Ganzen entfesselt und entkommt, ist Michaels Sohn Anthony; seine Erlösung ist die Kunst, die schöne Kunst, ein Opernsänger zu werden. Bezeichnend dabei ist, dass Anthony sein Debüt im Opernhaus von Palermo in der italienischen Oper *Cavalleria rusticana* von Pietro Mascagni gibt; denn vor dem Hintergrund dieser Oper ist die gesamte Mafia-Trilogie inszeniert. Als Höhepunkt der Geschichte wird Michael Don Corleone die Verlorenheit seiner Familie in dieser Oper vor Augen geführt – von seinem eigenen Sohn, der nicht »ohne die Musik leben kann«, wie seine Mutter bemerkt. Worin liegt also die Möglichkeit dieser Erlösung, die keinen Nutzen und keinen Gebrauchswert hat? Ist es diese Schönheit, die die Welt erlösen soll?

Die Kunst als einzige Möglichkeit der Erlösung aus Nutz- und Machtstrukturen gelingt deshalb, weil sie aus der Freiheit heraus atmet. Kunst entsteht nicht »nur« aus Freiheit, wie Wolfgang Rihm einmal schrieb, sie verpflichtet auch zur Freiheit. Gerade weil sie keinen Gebrauchswert hat, besitzt sie eine humane Schönheit. Die Schönheit der Poesie, in der die Menschen in ihrem einfachen Alltag immer wieder ihre Zuflucht finden, die Schönheit der koranischen Stimme, die sie ständig begleitet, verweist sie auf sich selbst, indem sich die Menschen die Gedichte als ihre eigene Geschichte aneignen und sie interpretieren: Sie handeln von ihrer eigenen Schönheit. Sie sind nicht, wie einst Jean-Paul Sartre in einem Interview sagte, eine »Ware«; weder Literatur noch Religion sind käuflich, wenn sie auf Schönheit basieren. Ihr kapitaler Wert besteht gerade darin, dass sie keinen kapitalen Wert haben. In der Dichtung entdecken sich die Menschen selbst; in ihr verlieren sie ihre Entfremdung. Insofern ist die Dichtung, ja die Religion der Schönheit, wie ich den Islam begreife, die äußerste Rebellion gegen den Krieg als Inbegriff der Entfremdung, der Selbst- und Weltentfremdung. Der Krieg verändert nicht nur die Landschaften, er verändert und zerstört auch die innere Landschaft, die Seelen. Menschen, die lange im

Krieg gelebt haben, werden sich selbst fremd; ihre Sprache, ihre Gefühle, ihre Haltung zur Welt verändern sich. Mit unserer Flucht aus Kabul, aus Afghanistan, habe ich ein Stück Schönheit entwendet und ein Stück mehr Krieg dort zurückgelassen. Ich habe aber auch ein Stück kalliopische Schönheit dort verloren und ein Stück Krieg mitgenommen. Daraus gibt es keine Erlösung, die ich selbst herbeiführen könnte – von dieser Schuld scheint das menschliche Leben bestimmt zu sein.

Diese dichterische Lebensweise aus Kabul hat mich sehr geprägt, und ich fühlte mich bewogen, sie in meiner neuen Lebenswelt in Erinnerung zu bewahren. Mit derselben Empfindsamkeit hörte ich auf die deutsche Sprache, auf den Klang der Worte, auf ihre Melodie, ihre Atempausen. Als ich mit achtzehn Jahren zum ersten Mal ein Gedicht von Rainer Maria Rilke in der persischen Übersetzung der iranischen Dichterin Forough Farrokhzad las, war ich nicht sicher, ob es nicht die persische Sprache war, die solche Zeilen erst hervorbringen konnte, oder doch Rilke selbst. Ich machte mich auf die Suche und fand das Gedicht. Beim Lesen der ersten Zeilen von Rilkes *Liebeslied*:

»Wie soll ich meine Seele halten, daß
sie nicht an deine rührt? Wie soll ich sie
hinheben über dich zu andern Dingen?«

war es um mich geschehen. Ich begriff, warum Forough Farrokhzad ausgerechnet Rilke ins Persische übersetzte. Wäre ich vermögend, ich hätte jedes Wort von Rilke mit

Geld erworben, um es zu verstehen, so wie Theo Angelopoulos in seinem Film *Ewigkeit und ein Tag* den fremden Dichter in seiner eigenen Heimat inszeniert. Fortan begleitete mich die Rilke-Sucht auf dem Weg zur deutschen Sprache. Später war Rilke an meiner Seite, als ich bei meiner Koranübersetzung zuweilen daran verzweifelte, subtile arabische Sprachgesten ins Deutsche zu übersetzen; und wenn Rilke einmal erschöpft war, dann war mir Hölderlin nicht weit entfernt.

Unmittelbar nach dem Abitur entstand eine Anthologie, die ich gemeinsam mit der heutigen Schriftstellerin Felicitas Pommerening und dem Schriftsteller Amsal Alihodzic unter dem Titel *Stimmen* zusammengestellt habe. Wir schrieben Gedichte, Kurzprosa und Aphorismen zu unterschiedlichen Themen. Mehrere Verlage hatten zwar ihr Interesse bekundet, aber die erforderliche finanzielle Eigenbeteiligung wäre uns nicht möglich gewesen, hätte nicht die Mutter von Felicitas Pommerening die gesamten Kosten übernommen. Da war es wieder. Sie tat das nicht für ihre Tochter; für sie waren wir drei junge Menschen, die den ersten zarten Versuch wagten, eine eigene literarische Stimme zu sein. Sie unterstützte die Idee, das Projekt, die Menschen, die dahinter standen. Amsal Alihodzic und ich, beide Kanaken, waren peinlich berührt; wir wussten nicht, wie wir ihr danken konnten; Menschen wie sie zeigen eben, dass Engel keine Flügel haben müssen. So wie ich mir auch keine Rilke-Bücher hätte kaufen können, wenn es nicht die Büchergutscheine von Maria Heid gegeben hätte, der Mutter meines besten Schulfreundes. Sie kannte mich seit meiner Realschulzeit, als ich noch nicht einmal ordentlich sagen konnte, wie ich heiße; und plötzlich wollte ich Heidegger und Rilke lesen; Rilke kennt in der Tat keinen alltäglichen Nutzen – aber sie merkte, dass Literatur, Bücher für mich Lebensmittel waren. So schenkte sie mir eben einfach Lebensmittel, immer und immer wieder, ohne dafür eine Gegenleistung zu erwarten. Das ist Güte, die eigentlich für verloren erklärt wird; aber das zeigt auch, dass der Wert des Menschen nicht in dem besteht, was er besitzt, sondern in dem, was er ist. Und es zeigt, wie Menschen dazu beitragen können, dass dieser Wert steigt. Denn das Buch, die Schönheit, die in ihm wohnt, zeigt uns eindrucksvoll, dass wir Literatur sind; dass die Literatur uns von allem entfesselt und erlöst, was uns verfremdet; das Leben ist eine Erzählung. Die schönstimmige Muse Kalliope begleitete mich auch weit entfernt von Kabul.

In den nächsten Jahren unternahm ich immer wieder vergeblich den Versuch, eine neue Zeitschrift für Literatur ins Leben zu rufen, bis ich bei einem Poesieabend einer Dichterin begegnete: Claudia Neubauer. Ihre Begeisterung für die Literatur und Kunst steckte mich erneut an. Wir sprachen über Rilke, denn sie verfasste gerade eine Magisterarbeit über ihn, Camille Claudel und die gegenwärtige Literaturszene, und beide mussten wir feststellen, dass wir seit Langem dieselbe Idee mit uns trugen: eine neue und ästhetische Zeitschrift für Literatur und Kunst zu gründen. Neubauer fiel mir schon früher auf; denn sie besuchte zuweilen auch ein philosophisches Oberseminar über Platon an der Universität Freiburg, an dem auch ich teilnahm. Immer dann, wenn es um den Begriff des Menschen ging, wurde sie von Professor Uehlein gefordert, aus ihrer umfassenden Sicht dazu Stellung zu nehmen; Claudia Neubauer erhob leise die Stimme, die leicht zitterte, aber ihre Analysen, die nicht selten auch anatomischer Natur waren, hinterließen stets Eindruck. Sie gehört zu den Seltenen, die wie einst Avicenna und Schiller neben dem geisteswissenschaftlichen Studium auch Medizin studiert haben. Ihr besonderer Zugang zu Literatur und Kunst beeindruckte mich von der ersten Begegnung an. Wir entschieden uns an Ort und Stelle, das erträumte Projekt gemeinsam anzugehen. Die neue Zeitschrift sollte eine Plattform für junge Literaten und Künstler sein; darin sollte aber auch die Komposition der Künste miteinander dargestellt werden: die Komposition zwischen Bild und Text, Theater und Film, Erzählung und Musik. Der Trennung und Spezialisierung der Künste zum Trotz wollten wir deren Verwandtschaft hervorheben. Das erste Heft war in kurzer Zeit zusammengestellt; das Titelbild war geschmückt mit einem Kunstwerk von Thomas Karlas, Acryl auf Leinwand, den Anfang der Zeitschrift machte ein Propemticon, die Essays und die Lyrik der jungen Autorinnen und Autoren waren untermalt mit Grafiken, Zeichnungen und Drucken. Entstanden war unsere Zeitschrift, die im äußerst bibliophilen Verlag Bernstein mit besonderem Engagement von den Gebrüdern Remmel verlegt wurde. Im ersten Jahr entstanden vier Ausgaben, in den kommenden Jahren zwei Ausgaben pro Jahr; und wir konnten unserer Freude nicht wirklich Ausdruck verleihen. Da wir beide kaum Zeit für den Aufwand hatten, den eine derartige Zeitschrift mit sich bringt, arbeiteten wir ausschließlich in der Nacht, kommunizierten zu Zeiten, die es eigentlich gar nicht gibt. Der Name der Zeitschrift, die in einem derart unbändigen Rausch der Leidenschaft für die Künste, für die Schönheit entstand, konnte nur im Zeichen einer Tochter von Mnemosyne und Zeus sein: *Kalliope*.

Religion und Literatur sind vielleicht auch deshalb miteinander verwandt, weil es ihnen nicht bloß um die Wahrheit geht; ihre Kreativität und Lebendigkeit bestehen vielmehr in ihrem Bezug zur Schönheit. Der Koran als literarisches und religiöses Werk in einem ist mehr als nur eine moralische Instanz. Genau genommen ist dies nur ein marginaler Teil des Ganzen. Das einzige Argument dafür, dass der Koran in seinem Anspruch wahr ist, besteht in klassischer Sicht darin, dass er in seiner *Schönheit* unnachahmlich sei; Gott selbst sei schön und liebe die Schönheit, soll einst Muhammad gesagt haben, der im Koran wesentlich als derjenige gekennzeichnet wird, der u. a. in seiner *Schönheit* dem Menschen ein Vorbild sei. In Erinnerung an Schillers Worte ließe sich sagen, dass derjenige Erlösung findet, dessen Handlungsmaxime die Schönheit darstellt. So eröffnen Religion und Literatur mögliche Daseinsformen, die jedwede Grenze überschreiten, sie kennen keine Hautfarbe, keinen Akzent, keine Nationalität und keinen geografischen Ort. Religion und Literatur, die mich in meiner Kindheit in Kabul in ihren Bann zogen, in sich fesselten, sind nur in Freiheit zu begreifen, in Freiheit zu entfalten. In dieser Freiheit entsteht Humanität; ein möglicher Ausdruck dieser kann *Kalliope* sein. Religion und Literatur als Grenzüberschreitung zu begreifen – das ist Herkunft und zugleich Zukunft.

7. Lost in Translation oder: Von den Blumen des Koran

»Tu sais, Momo, l'homme à qui Dieu n'a pas révélé la vie directement, ce n'est pas un livre qui la lui révélera.«
E.-E. Schmitt

Wenn sich Michael Don Corleone zu einer Beichte entschließt, dann in der Gegenwart des kurz darauf zum Papst erwählten Kardinals Albino Luciani. Dieser, von der Weisheit und Sanftmut getragen, gewinnt das Herz des Paten mit einem einfachen und zugleich einprägsamen Vergleich: »Sehen Sie sich diesen Stein an! Können Sie sich vorstellen, wie lange er in diesem Becken gelegen hat? Aber das Wasser ist nicht in ihn eingedrungen.« Er zerbricht den Stein, berührt ihn zart und spricht weiter: »Da sehen Sie: Der Stein ist vollkommen trocken. Dasselbe widerfährt den Menschen in Europa. Sie wachsen auf im christlichen Glauben; sie sind umgeben von ihm seit Jahrhunderten, aber sie lassen Christus nicht in ihr Herz.« Lassen aber Muslime etwa den Koran in ihr Herz eindringen? Wo ist der Gegenwart Gottes noch zu begegnen? Welche Begeisterung und Beflügelung kann der Glaube noch dem Gläubigen schenken, die der Gläubige nicht in einem Fußballstadion oder gar im Kino erfahren kann? Wo sind die

Blumen des Koran zu entdecken, wenn es sich nicht um tatsächliche Blumen handelt, die wie bei Monsieur Ibrahim im Koran gepresst sind?

Mein Koran, in großen Buchstaben auf dünnes Papier gedruckt, musste in Kabul bleiben. Kabul war eine glückliche Stadt – das aber ist Geschichte. Auch die meisten Koranausgaben dürften inzwischen mit den Ruinen der Stadt verloren oder gar verbrannt worden sein. Die Blumen des Koran verwelkten in Kabul mit ihm selbst. Wir verließen Kabul ohne den Koran – nur seine Verse, die mir allmählich ins Herz geschrieben waren, flogen mit mir davon. Auf unserer Flucht nach Deutschland verbrachten wir eine Nacht im Flughafen Moskau, weil die Schleuser unseren Aufenthalt nicht gründlich organisiert hatten. In dieser Nacht fand ich eine kleine Koranausgabe unter einem Stuhl, auf dem ich zu schlafen versuchte. Es war auch nicht sehr verwunderlich, schienen doch neben unserer Familie einige somalische Familien schon länger auf dem Flughafen zu weilen. Ich beobachtete sie, wie vor allem die Frauen in schwarzen Gewändern in einem Kreis saßen und kollektiv den Koran rezitierten. Die Passagiere machten einen Bogen um sie, doch sie ließen sich offenbar durch nichts stören. Sie schienen nicht gerade einer glücklichen Zukunft entgegenzublicken, sahen aber auch nicht besonders bekümmert aus – sie hatten ihren Koran.

Meine Augen dürften jedenfalls geleuchtet haben, als ich diesen Taschenkoran öffnete; der braune Lederumschlag fühlte sich geschmeidig an, während der Reißverschluss nicht mehr funktionierte. Ich nahm ihn mit, und er wurde mein ständiger Begleiter auf der Flucht. Mit jeder Berührung des Koran erwachte meine vergessene Heimat in mir. Entgegen der Empfehlung von unserem Schleuser, dass wir nichts mitnehmen dürften, was auf unsere wahre Identität hindeutete, brachte ich es nicht übers Herz, meinen Koran einfach in Moskau zu lassen; im letzten Augenblick versteckte ich ihn im Koffer meiner Mutter, ohne dass sie es bemerkte.

Nach der verstörenden Erfahrung des 11. September begann ich neben der Philosophie und Mathematik mit dem Studium der Islamwissenschaft. Meine ambivalente Begeisterung für den deutschen Philosophen Martin Heidegger war es, die mich nach Freiburg zog. Doch entgegen meiner Erwartung fand in der Islamwissenschaft keine besondere Beschäftigung mit dem Koran, noch nicht einmal eine vertiefte Auseinandersetzung mit der Theologie und Religiosität des Islam statt. So fand ich mich immer mehr in den Veranstaltungen der katholischen Theologie und Religionswissenschaft wieder.

Erneut nahm ich also meine Taschenausgabe des Koran, die ich oft genug ans Herz gedrückt hatte und die oft genug meiner kindhaften Verzweiflung Gehör schenkte, in die Hand und befragte sie, was sie eigentlich mit mir machte. Je mehr ich mich mit dem Koran befasste, umso deutlicher zeichnete sich ab, dass der Koran als Offenbarung zur Übersetzung drängt. Wenn er nicht zu einer Art Museumsgegenstand degradiert werden will, dann muss er sich in der jeweiligen Zeit seinem Hörer neu vermitteln. Der Koran wurde bereits über zehn Mal ins Deutsche übersetzt; doch es schien mir, als sei er damit bei Weitem nicht ausgeschöpft. Genau genommen empfand ich die meisten gängigen Übersetzungen als nahezu abstoßend; dass es sich dabei überhaupt um den Koran handeln sollte, war mir kaum verständlich. Die Übersetzer sind stets bemüht, die Worte, ja, den Inhalt der Worte zu übertragen, aber sie halten die Nase dabei nicht hoch, wie Swetlana Geier zu sagen pflegte. Sie fixieren die Worte, aber im selben Atemzug entgleitet ihnen die Komposition, der Raum, in dem die Worte leben. So dürften die meisten, die gerade mit einer bestimmten Intention den Koran übersetzten, enttäuscht worden sein. Selbst der heilige Petrus Venerabilis als Abt von Cluny wird wohl sehr enttäuscht gewesen sein, als er die erste Koranübersetzung gelesen hat. Er war der Erste, der die Übersetzung des Koran im Jahre 1143 in Toledo in Auftrag gegeben und sogar deren Finanzierung auf sich genommen hatte. Sein Ziel, »das Gesetzbuch selbst, den Koran, aus dem Arabischen in das Lateinische zu übertragen«, wie er dies in einem Brief an den heiligen Bernhard von Clairvaux schreibt, war, erkennbar zu machen, »dass man diesen Irrglauben, ist erst einmal seine Verwerflichkeit und Dummheit aufgedeckt, verfluchen und mit Füßen treten muss, ebenso wie man ja erkennt, dass schon fast die halbe Welt von seinem tödlichen Pesthauch infiziert ist«. Entrüstet muss der heilige Abt gewesen sein, festzustellen, dass der Koran doch kein starres Gesetzbuch war, wie eigentlich erwartet. Jahrhunderte später erschien die erste deutsche Übersetzung aus der Feder von Friedrich Megerlin, der noch dachte, die »türkische Bibel« vor sich zu haben. Seine Enttäuschung als Übersetzer ist größer einzuschätzen, wollte er doch »Mahumed und sein Lügenbuch« besser kennenlernen, wie er dies im Vorwort seiner Übersetzung bemerkt. Allein über »Mahumed« dürfte er nicht wirklich viel erfahren haben. Nur selten wird der Name Muhammad erwähnt, und über seine Person ist der koranische Text sehr schweigsam. Den Koran jedoch als »türkische Bibel« aufzufassen trägt zwar humoreske Züge, für das Verständnis des Koran ist dies jedoch völlig irreführend. Weder ist der Koran türkisch noch im eigentlichen Sinne biblisch. Der Koran ist noch nicht einmal historisch oder in irgendeiner Weise chronologisch aufgebaut. Genauer betrachtet, handelt der Koran weder vom Leben des Propheten noch von einer Gesetzesordnung. Abermals enttäuschend ist es, dass kaum angegeben werden kann, was eigentlich der Gegenstand des Koran sein soll. Venerabilis würde mit der Faust auf den Tisch hauen und sagen: »Wenn Ihr es selbst lest, werdet Ihr erkennen und, wie ich glaube, berechtigterweise darüber klagen, dass ein so großer Teil des Menschengeschlechts durch so gottlosen und verwerflichen Unsinn getäuscht und von seinem Schöpfer noch nach dem gnadenhaften Kommen des Erlösers durch die frevelhafte Irrlehre dieses Saukerls so leicht abgewendet werden konnte.« Der heilige Abt fragt also, warum Millionen von Menschen trotz der vielen Schandtaten, die im Namen des Islam ausgeübt werden, immer noch mit dem Herzen und dem Verstand dieser Glaubensgemeinschaft angehören. Eine durchaus legitime Frage.

Auch Arthur Schopenhauer konnte seine Enttäuschung über den Koran nicht zurückhalten. So schreibt er über das metaphysische Bedürfnis des Menschen: »Dieses schlechte Buch war hinreichend, eine Weltreligion zu begründen, (...) wie auch, sie zu blutigen Kriegen und den ausgedehntesten Eroberungen zu begeistern.« Heute hätte Schopenhauer mehr und genauere Beispiele angeben können, werden doch, wenn auch von einer kleinen Minderheit, häusliche Gewalt, Unterdrückung, Selbstmordattentate und sogar Terroranschläge im Namen des Koran ausgeübt. Warum sich die Täter auf den Koran beziehen, ist dem Habitus zu entnehmen, wie sie mit dem Koran umgehen. Sie tun so, als hätten sie einen Werkzeugkasten vor sich mit lauter bunten Gerätschaften, die man nach Belieben verwenden kann. Primär fundamentalistisch ist dabei nicht, dass sie nach Wunsch und Begehren die Textstellen herauspicken, die ihnen gerade passen; der religiöse Fundamentalismus liegt vielmehr darin, dass sie unmittelbar zu verstehen glauben, was sie im Koran lesen. Die Verengung widerspricht jedoch dem koranischen Charakter. Religiöser Fanatismus entsteht dann, wenn das Bewusstsein beginnt, eindimensional zu werden. Plötzlich verliert der Koran seine Offenheit, seine Dynamik, sein Leben. Sprachbilder werden zur Realität, Empfehlungen zur Pflicht, die Polyphonie des Koran zur Monotonie, Vieldeutigkeit zur Eindeutigkeit, Unklarheiten werden überlesen. Die Fundamentalisten müssten enttäuscht sein, würden sie erfahren, dass sie, indem sie den koranischen Text für ihre politischen Machtinteressen vergewaltigen, damit auch den Grundcharakter des Islam verfehlen. Ist der Koran nach dem Selbstverständnis aller Muslime das reine Wort Gottes, so ist die Behauptung, man wisse absolut sicher, was im Koran steht, sodass man damit sogar Attentate rechtfertigen zu können glaubt, genuin nicht islamisch.

Sein Wissen als absolutes Wissen neben das Wissen Gottes zu stellen heißt eben, neben Gott selbst Gott zu spielen. Dies ist die Eigenart der Fundamentalisten. Sie spielen Gott auf Erden. So vergehen sie sich nicht nur an jeder Menschenrechtskonvention, sondern sie wenden sich auch und gerade gegen die Bedingungen ihrer eigenen Religion.

Für Muslime ist der Koran in seinem arabischen Original unnachahmlich, sein Grundcharakter wird erst aus seiner Gesamtkomposition erfahrbar. Der Koran ist ein rhythmischer Text voller Klang und Musikalität, eine »progressive Universalpoesie«, wie es der Romantiker Friedrich Schlegel in seinem *116. Athenaeums-Fragment* entfaltet. So überrascht es nicht, dass gerade ein romantischer Dichter des 19. Jahrhunderts die koranische Poesie im Deutschen nahezu unübertrefflich einfängt und nachdichtet; Friedrich Rückerts Teilübersetzung, wenn auch philologisch überholt, hat eine beachtenswerte Nähe zum Koran. Eine Nähe, die sonst vollkommen verloren gegangen ist. Rückert bemerkte im Unterschied zu allen anderen Übersetzern, dass sich der intendierte Inhalt des Koran erst durch die Form seiner Vermittlung generiert.

Und dennoch bemerkt Schopenhauer: »Viel mag durch die Uebersetzungen verloren gehn; aber ich habe keinen einzigen werthvollen Gedanken darin entdecken können.« Nun, das rührt womöglich daher, dass er anstelle des Koran die »türkische Bibel« gelesen hat. Aber was genau geht bei einer Koranübersetzung verloren? Wenn man die inzwischen weit über zehn deutschen Übersetzungen des Koran genauer studiert, hat man eher den Eindruck, dass der Koran durch die Übersetzungen an etwas gewonnen hat. Waren im Original noch viele Stellen unklar, offen bis unverständlich, so sind sie in den Übersetzungen einwandfrei verständlich dargelegt, bisweilen bekommt man sogar unterschiedliche Varianten serviert. Fragmentarische Gedanken werden einfach ergänzt, für ein besseres Verständnis werden sogar manche Begriffe näher erklärt, historische Begebenheiten, worauf sich einzelne Verse vielleicht beziehen, genau dargelegt. Eigentlich braucht man sich nur noch zurücklehnen und den Koran lesen. Wäre da nicht die Sprache etwas mühsam, die nicht selten an »Finanzamt-Deutsch« erinnert, wie es Navid Kermani einmal bezeichnet hat, die Klammer und noch mal eine Klammer, die Fußnoten, die Anmerkungen und die Vermutungen. Was hier verloren geht, ist einfach die Seele des Koran. Was aber bleibt, ist nicht einmal der Leib, sondern nur der Leichnam. Derartige Übersetzungsversuche sind mit einer italienischen Opernaufführung vergleichbar, bei der man sich die Ohren zuhält, aber die Aufführung mit deutschen Untertiteln verfolgt, die peinlich genau ein jedes Wort erläutern und unterschiedliche Bedeutungsebenen darlegen. Dabei wird in der Tat ein gewisser Informationsgehalt übertragen; doch der dunkle Rest, der nicht in der Übersetzung vorkommt, macht eben die Inszenierung aus.

Der Regisseur Jack Wolz will sich rächen. Denn immerhin hatte ihm Johnny Fontane die Geliebte ausgespannt. Als er also Don Vitos Wunsch in aller Entschiedenheit ablehnt, Johnny Fontane die ersehnte Starrolle in seinem Kriegsfilm zu geben, lässt ihm der Pate durch seinen Consigliere Tom Hagen eine subtile Nachricht zukommen: Am nächsten Morgen findet Wolz in seinem Bett den schwarzen, seidigen Kopf seines wertvollen Pferdes, »festgeklebt in einer dicken Lache Blut. Schaum bedeckte die Schnauze, und die apfelgroßen Augen, die immer wie Gold geglänzt hatten, waren wie faulende, eklige Früchte, fleckig von totem, ausgelaufenem Blut«, wie bei Mario Puzo zu lesen ist. Ergriffen von diesem fürchterlichen Anblick, kann Wolz seinem Entsetzen allein durch ein animalisches Brüllen Ausdruck verleihen.

Wie gelingt die Übersetzung dieser Mitteilung? Nach den ersten Gefühlsregungen und nachdem sich der Blutdruck des Regisseurs reguliert hat, deutet Wolz die Mitteilung richtig; er sieht ein, dass es hierbei nicht eigentlich um den Mord an dem 6000 Dollar teuren Rennpferd geht; auch geht es weniger um Johnny Fontane oder darum, Wolz Angst einzujagen; die eigentliche Botschaft scheint in dem zu bestehen, was nicht in der Botschaft als solcher enthalten ist; die eigentliche Botschaft besteht im Nichtgesagten. Für die gelingende Übersetzung ist aber das Nichtgesagte entscheidend; entscheidend sind nicht nur die einzelnen Ereignisse, die Konstellation und Reihenfolge der Begebenheiten, sondern auch die Intensität, die Auswahl der Objekte, ihre Orte und der Zeitpunkt. Die Übersetzung als Genese des Nichtgesagten entsteht aus der mikroskopisch feinen Einsicht in die Komposition des Gesagten, der Zeichen heraus. Es ist letztlich Wolz selbst, der den Sinn der Botschaft aus dem Zusammenhang der Ereignisse findet; seine Übersetzung gelingt in dem Augenblick, in dem er einsieht, dass es um ihn selbst geht. Die Frage, die mit der Botschaft des Paten verbunden war, lautete:

»Hatte Jack Wolz den Mumm, alles aufs Spiel zu setzen, das Risiko einzugehen, für eine Grundsatzfrage *alles* zu verlieren – für seine Rache?« Seine Antwort, für den Paten vorhersehbar, lautete bekanntlich »Nein«.

Ist eine Übersetzung mehr als nur »quasi dasselbe mit anderen Worten zu sagen«, wie Umberto Eco es ausdrücken würde, dann gelingt gerade im Fall des Koran eine texttreue Übertragung nur dann, wenn jedes einzelne Wort aus dem Ganzen heraus begriffen und aus seiner Gesamtstimmung eingefangen wird. Tatsächlich besitzt der Koran eine Familienähnlichkeit mit der Oper, wie mein akademischer Lehrer Bernhard Uhde einmal nahelegte; denn auch eine Oper bleibt unverstanden, wenn man sich lediglich dem Libretto widmet. Allein der lebendigen Inszenierung eines Opernstücks beizuwohnen gewährt einen primären hermeneutischen Zugang. Und das wird umso klarer, bedenkt man, dass die Oper die erhabenste und vielleicht die vollkommenste Kunstform darstellt, die die Kultur des Abendlandes hervorgebracht hat, wo Text, Stimme, Melodie, Spiel, Rhythmus, Klang, Gesang, Poesie, Theatralik, Farben und Gerüche in einem Schlag auf der Bühne in Szene gesetzt werden, sodass der Zuschauer von Emotionen, von zarten Berührungen, von der Tragik und zuweilen auch Komik, von der Gewalt und der Vernunft, von Liebe und Hass, aber auch von Unverständlichkeit, Vertrautheit und Fremdheit ergriffen wird. Gelungen ist die Inszenierung, wenn der Zuschauer seine eigene Historizität, seine Zeitlichkeit und seine Gegenwart vergisst und schließlich selbstvergessen lauscht, sieht, erlebt. So ist auch der Koran kein Sammelsurium toter Buchstaben auf einem Papier; er ist vielmehr ein dynamisches Ereignis. Bewegend ist der Koran für mich als eine genuin ästhetische Erfahrung, begreift man ihn wesentlich im Sinne einer mündlichen Inszenierung, wie er sich auch als Offenbarung nahelegt. Sinn und Sinnlichkeit gewinnen im Akt des Rezitierens eine lebendige Einheit. Religiöse Rührung, getragen von der tiefen Einsicht in die Ergebenheit vor dem einen Gott, ergreift mich beim nahezu musikalischen Vortrag des Koran derart, dass ich meine eigene Historizität, meine Zeitlichkeit und Gegenwart vergesse, bis ich schließlich selbstvergessen lausche, sehe, erlebe. Dies macht den Koran aus. Mein Vater erzählte von meiner Großmutter, die des Lesens und Schreibens nicht mächtig war, aber vor allem im Monat Ramadan den Koran Zeile für Zeile mit ihrem Zeigefinger berührte; diese unmittelbare Begegnung ließ in ihr das Gefühl entstehen, den Koran »gelesen« zu haben. Auch in schriftlicher Form scheint der Koran also im besten Sinne vernehmbar zu sein – auch wenn er keine schriftliche Wirklichkeit hat. Gott offenbarte im Islam kein Buch. Meine Großmutter mag den Koran nicht wirklich gelesen haben, aber wie der belgische Romancier Éric-Emmanuel Schmitt seinen Monsieur Ibrahim sagen lässt: »Wenn Gott dir das Leben offenbaren will, dann braucht er dazu kein Buch.«

Der Koran, der das Leben eines gläubigen Muslims wie mich begleitet, der Koran, dessen Inhalt von seiner Form nicht abzutrennen ist, verbirgt sich gerade in diesem dunklen Rest.

Wie Form und Inhalt komplementär ineinander übergehen, wie unzertrennlich sie sind, zeigt besonders eindrucksvoll der österreichische Dichter Ernst Jandl in seinem berühmten Gedicht *schtzngrmm* von 1957: »schtzngrmm / schtzngrmm / t-t-t-t / t-t-t-t / grrrmmmmm (...) / grrrrrrrrrrrrrrrrrrrrrrrrrrr / t-tt«. Das Gedicht handelt vom Krieg, aber wie gelingt die Übersetzung dieses Gedichtes? Jandl schafft die äußerste Möglichkeit, eine Wirklichkeit zu benennen, bei der der Inhalt restlos Form geworden ist. Hier kann man sehen, vor welcher Schwierigkeit die Koranübersetzer stehen; wie lässt sich der Inhalt mit seiner Formästhetik vermitteln? Wenn die Übersetzung mehr intendiert als eine reine Übertragung des Inhalts von einer Sprache in die andere, dann stellt sie die erste Aneignungsform des Koran dar. Die damals in Freiburg lebende einzigartige Dostojewski-Übersetzerin Swetlana Geier, die »Frau mit den fünf Elefanten«, die über fünfzig Jahre russische Literatur ins Deutsche übersetzte, sagte einmal: »Man übersetzt nicht von links nach rechts, wie eine Raupe kriecht, sondern nachdem man sich den Satz angeeignet hat. Er muss nach innen genommen, ans Herz gelegt werden. Ich lese das Buch so oft, bis die Seiten Löcher kriegen. Im Grunde kann ich es auswendig. Dann kommt ein Tag, an dem ich plötzlich die Melodie des Textes höre.« Der Koran war mir immer schon diese Melodie, die mich wie andere Muslime außer Rand und Band brachte. Wer verstehen will, was die Muslime empfinden, wenn sie den Koran lesen, wer erfahren will, warum die Muslime so verzaubert sind, wenn sie den Koran hören, der muss ihn als ein ästhetisches, offenes Kunstwerk begreifen. Hegel-Leser dürften schmunzeln, wenn sie hören, dass die Dialektik zwischen Form und Inhalt beim Koran unabdingbar ist.

Selbst wer Arabisch spricht, versteht nicht ohne Weiteres den Koran. Auch für ihn stellt sich der Koran als Herausforderung dar. Der koranische Text ist verkürzt, verdichtet, voller Anspielungen, lakonisch, sperrig. Oft werden Geschichten erzählt, ohne dass die Protagonisten namentlich erwähnt werden. Der Koran ist aber auch klar, wohl strukturiert und präzise. Er gleicht weder einem Prosatext noch der Poesie im altarabischen Stil. Der Koran, in den ich verliebt bin, erzählt vom Leben, von den Rhythmen des Lebens, vom Leben Gottes und von meinem eigenen; der Koran lässt dieses Leben in seiner Gewalt und Zartheit zugleich erklingen; er lässt Worte erklingen, die nicht in Worte zu kleiden sind – die Klagen, die Zwischentöne und die Atempausen. Jeder Buchstabe scheint einen eigenen hermeneutischen Charakter zu besitzen. Die Komposition und das Zusammenspiel der einzelnen Worte, ja Buchstaben harmonieren derart, dass der Atem dabei zu zittern beginnt; oder sie inszenieren einen Harmoniebruch, der einem den Atem raubt.

Bereits zu Beginn meines Studiums begann ich aus diesem Bewusstsein heraus, den Koran zu übersetzen. Wie kann aber ein derartiger Übersetzungsversuch überhaupt gelingen? Dass der Koran unübersetzbar ist, stimmt allein schon deshalb, weil im Grunde kein Werk übersetzbar ist, wenn Übersetzung bedeuten soll, dass der Originaltext restlos in die Übersetzung übergeht. Denn es liegt in der Natur der Originalität, dass sie nicht duplizierbar ist. Aber der Koran als Offenbarung Gottes ist dergestalt konzipiert, dass er als Offenbarung etwas offenlegt, eine Mitteilung ist; deshalb drängt er von sich aus zu einer Übersetzung, die ihn als Gesamtwerk würdigt und für jeden Menschen zugänglich macht; der Koran hat aber ebenso sehr den Anspruch, immer und jederzeit zugleich die Offenbarung zu bleiben. Mein Anspruch bestand nicht darin, einen neuen Koran zu schaffen, im Gegenteil: Als Übersetzer habe ich immer das tragische, romantische Moment vor Augen, das Original zu verfehlen. Mithin schafft der Übersetzer stets ein anderes Werk als das Original. Das tragische Moment der Übersetzung liegt darin, dass der Übersetzer stets das Originalwerk erringen will, es aber verfehlen muss. Übersetzung ist ein ständiges Scheitern; doch in diesem Akt des Scheiterns entsteht Neues. Das andere, das übersetzte Werk ist gleichsam die innere Möglichkeit des Originals selbst; denn dadurch, dass die Übersetzung zwar ein anderes Werk ist als das Original, zugleich aber mit jedem Zeichen, mit jedem Atemzug auf das Original bezogen bleibt, ist es stets das Andere des Originals und nicht bloß ein anderes Werk, ein Kommentar. Durch die Übersetzung wird der Koran aus seiner inneren Möglichkeit heraus fortgeschrieben. Der Komponist Wolfgang Rihm sagte einmal treffend: »Das Werk ist die Suche nach dem Werk.« Der Koran selbst schreibt sich fort in der Übersetzung, er schafft seine eigene Übersetzung, seinen eigenen Übergang und fordert zugleich die Reflexion; denn jede adäquate Übersetzung ist erst aus dem Bewusstsein des Originals zu verstehen.

Das bedeutete für mich vor allem, dass meine Tätigkeit als Übersetzer des Koran niemals endet; allein für die erste Sure des Koran entstanden neunzehn unterschiedliche Übersetzungen, von denen jede für sich Plausibilität besaß. Ich bereitete die Sure vor, ich kannte jedes Wort, jede Wendung, aber plötzlich bewegte sich der Text; er zeigte sich in einer Weise, die ich nie zuvor gesehen hatte; ich machte mich erneut an die Übersetzung, war beflügelt; aber während der Übersetzung öffnete sich wiederholt ein neuer Horizont – und immerfort. Ein solches Werk ist unerschöpflich. Da der Koran wesentlich ein zu Hörendes ist, entstanden meine Übersetzungen vom Hören her. Ich hörte so lange und so oft eine Rezitation, bis ich den Rhythmus, den Klang, das Verlangen des Textes verinnerlicht hatte. Erst dann regten sich die deutschen Worte in mir; nicht exakt die Worte waren zunächst präsent, sondern der Ton des Gesagten, eine Art Sprachmelodie; mit jeder klanglichen Einheit klopfte ich auf den Tisch, zählte die Hebungen, verglich sie mit dem Arabischen, suchte dann Worte, die von ihrem Laut her den vermittelten Sinn ausdrückten; z. B. ist das arabische Wort »leil« tragend, leicht, zerbrechlich, nahezu sehnsüchtig, weiblich, aber das adäquate Wort im Deutschen dafür würde »Nacht« heißen. Das Wort »Nacht« ist dunkel, hart, fast bedrohlich. So ein einfaches Wort beschäftigte mich tagelang, woran ich verzweifelte und schließlich Rainer Maria Rilke und Friedrich Hölderlin als Helfer heranzog. Wenn die Übersetzung die Sehnsucht nach etwas ist, was sich einem entzieht, nach dem Unerreichbaren, Unverfügbaren, nach dem Original, dann ereignet sie sich in diesem Geflecht von Scheitern und Erringen. In diesem Ineinander entsteht das Andere des Originals. In diesem Ineinander leben wir. Übersetzung ist immer zugleich Selbstübersetzung. Als Muslim ist für mich der Koran in keinem Augenblick bloß ein literarisches Werk gewesen; vielmehr fühlte es sich an wie ein Gebet; daher sehe ich auch den Akt der Übersetzung, weil sie Grenzüberschreitung ist, als Leben, in dem die Blumen des Koran erblühen.

Irgendwann hörte der Verleger Manuel Herder von meinem zugegeben etwas verrückten Umgang mit der Koranübersetzung. Er bat um eine kleine Auswahl und zögerte nicht lange, mir das Angebot zu unterbereiten, mein offenes Projekt in meinem Sinne zu vollenden. Als er aber nachfragte, ob ich auch tatsächlich termingerecht fertig werden würde, sagte ich ihm voller Ernst, ich würde meinen Bart nicht schneiden, bis ich die Übersetzung vollendet hätte; er streckte mir seine Hand entgegen, und ich konnte nicht mehr darauf hinweisen, dass meine Worte eher scherzhaft gemeint waren; wie es der Zufall wollte, wurde ich doch nicht planmäßig fertig, und so avancierte der Dreitagebart zu einem prächtigen Vollbart. Die Kombination zwischen dem verstörten Blick eines Philosophen und dem schwarzen Vollbart in Begleitung des Koran können sogar in Freiburg Irritationen hervorrufen. Selbst der Punkbettler auf der Straße sprach mich zuweilen mit den Worten an: »Hey, Taliban, hast du einen Euro für mich?«

8. Einmal werden wir doch wieder Menschen und nicht nur Muslime sein!

»Der Vogel ist sterblich.«
Forough Farrokhzad

»Warum sollen wir Gott danken, dass wir eine Mutter und einen Vater haben?«, fragt der Lehrer mit ernster Stimme. Ein Schüler steht auf und antwortet: »Ich weiß es nicht, denn ich habe weder eine Mutter noch einen Vater.« Ohne darauf einzugehen, fragt der Lehrer einen anderen Schüler, er möge Dinge benennen, die schön sind; dieser antwortet, ohne zu zögern, wohl in Anspielung auf die Sure 91 des Koran: »Mond, Sonne, Blume, Spiel.« »Zähle nun ein paar hässliche Dinge auf!« Die Schüler lachen plötzlich. Mit strahlenden Augen antwortet der Junge: »Hand, Fuß, Kopf.« Der Lehrer bleibt unbeeindruckt und fordert einen anderen Schüler auf, einen Satz an die Tafel zu schreiben, in dem das Wort »Haus« vorkomme. Dieser etwas älter wirkende Schüler schreibt: »Das Haus ist schwarz.« Der Schüler weiß, wovon er spricht: Vergänglichkeit und Leid sind diesen Menschen ins Gesicht geschrieben.

Das Haus ist schwarz ist der Titel eines preisgekrönten Filmes von Forough Farrokhzad, der im Jahr 1962 realisiert wurde. Anfang der Sechzigerjahre des letzten Jahrhunderts besucht die junge iranische Dichterin ein Leprosorium in Tabriz. Bei ihrem Besuch wird sie von einem Kamerateam begleitet. In Zusammenarbeit mit dem Golestan-Filmstudio will sie hier einen Dokumentarfilm drehen. Zwölf Drehtage verbringt sie in diesem Lepradorf. Der daraus entstandene zweiundzwanzigminütige Film bleibt der einzige, den sie inszeniert. 1964 gewinnt ihr Dokumentarfilm auf dem Filmfestival von Oberhausen den großen Preis.

Es gibt ein Lied des berühmten afghanischen Sängers Ahmad Zahir, in dem er ein Gedicht von Forough Farrokhzad vertont. Das Gedicht handelt vom Tod des lyrischen Ich. Forough besingt nicht bloß den eigenen Tod; vielmehr schildert sie all das, was sich an ihrem Todestag gleichsam Schritt für Schritt ereignen wird – an ihrem Tod entlang, an ihrem Tod vorbei. Die bewegende Stimme von Ahmad Zahir, getragen von den rhythmischen Worten des Gedichts, ergriff mich bereits in Kabul. Inmitten des Krieges fühlte sich das Gedicht auch für ein Kind von zwölf Jahren sehr ergreifend an. Und ich schwor mir schon damals: Eines Tages werde ich mich in dich verlieben.

Das Haus ist schwarz handelt von einer geschlossenen Gesellschaft von vierzig Leprapatienten, von Frauen, Männern, Kindern, von Familien. Der Film verrät weder Ort noch Zeit. Als wäre dieses schwarze Haus immer gegenwärtig und überall anzutreffen. Es sind die Bilder und die Klänge des einfachen, durchschnittlichen Alltags der Menschen, die Augenblick für Augenblick ihr Eigenstes verlieren, ihren Mund, ihre Nase, ihr Gesicht, ihre Beine und damit ihre Freiheit. Als Forough nach Tabriz kam, um in der dortigen Leprastation diesen Film zu drehen, hatte sie weder ein Konzept noch ein besonderes Vorwissen. Plötzlich stand sie inmitten dieser Menschen und war mit Fragen und Ängsten konfrontiert, die sie in dieser Intensität zuvor nicht hatte spüren können. In kurzer Zeit gewann sie das Vertrauen der Gefangenen. Der Film wird mit Versen aus den Psalmen, dem Buch Hiob und dem Koran begleitet, die sie in persischer Sprache zitiert. Nicht nur die lyrische Begleitung durch Foroughs eigene, melancholische Stimme macht den Film zu etwas Besonderem; es ist auch die lakonische, bestechende Dokumentation des einfachen Lebens, das sich in seinen Grundzügen wenig von dem unseren eigenen unterscheidet. Und dennoch fühlen wir uns unendlich weit entfernt: Es sind die Anderen!

Hässlich und abstoßend sind für uns immer die Anderen; immer sind die Anderen die Hölle, wie es Jean-Paul Sartre in der *Geschlossenen Gesellschaft* formulierte. Der Film zeigt nicht bloß das Leiden der Menschen, die Lepra, eine Krankheit aus vergangener Zeit; er erzählt die kleinen und großen Geschichten eines Lebens, das sich im Alltag verflüchtigt, beim Essen, Spielen, Feiern und Beten. In der Kameraführung spüren wir den Blick der Dichterin, die diese kleinen Momente naherückt. Sie entwirft nicht bloß Sprachbilder, sie hat leprakranke Menschen vor sich. Und diese sind dadurch gezeichnet, dass sie ihr Gesicht verlieren. Sie sind einfach nicht anzuschauen. In ihrem Anblick ist der Abgrund des Menschen zu sehen, der uns nackt und wahrhaftig, ohne eine Fassade, entgegenstrahlt. Mittendrin Forough. Inmitten von Menschen, die keine Nase mehr haben, deren Gesichter völlig deformiert sind.

Hier entdeckt sie das echte Leben, hier begegnet ihr ein Leben, das authentisch ist. Im Unterschied zu all jenen, die glauben, ihr Gesicht noch zu besitzen. Das Leben der Leprakranken erzählt von uns; von uns, die wir auf irgendeine Art Gefangene ohne jegliche Fluchtmöglichkeit sind, gefangen in einem zerfallenen Körper, gefangen im Krieg, gefangen im Flüchtlingslager, gefangen in Guantanamo Bay, gefangen im Konzentrationslager. Wessen Haus ist nicht schwarz? Wer ist nicht von der Lepra befallen? »Lepra ist eine *physische* Krankheit, die aus dem Geist der Armut erwächst«, bemerkt Forough und fragt, ob wir, die wir außerhalb dieses schwarzen Hauses leben, nicht vielleicht ob unseres Reichtums *psychisch* von dieser Krankheit befallen sind. Unser Alltag scheint von Verschleierung geprägt zu sein. Wir leben mit Etiketten, Titeln und Masken. In der Leprastation findet Forough hingegen einen Ort, an dem der Mensch als Mensch anzutreffen ist. Der nackte Mensch ist körperlich deformiert, sein Gesicht ist zerfressen; ungeheuerlich ist der Anblick, vor dem wir erschrecken.

In diesem Augenblick verkehrt die Kamera ihre Richtung. Der entschleierte Mensch erblickt uns, und wir sind demaskiert. Wir fühlen uns ertappt, unsere Fassade entflieht; wie in dem Moment, als Michael Corleone im zweiten Teil der Trilogie *Der Pate* in Kuba erfährt, dass sein eigener Bruder Fredo ihn verraten hat; er packt ihn am Hals, küsst seinen Mund und sagt mit zitternder Stimme, während er ihm in die Augen blickt: »Ich weiß, dass du es warst, Fredo; du hast mein Herz gebrochen!« Er schüttelt ihn noch einmal und wiederholt: »Du hast mein Herz gebrochen!« Fredo entfesselt sich und schaut ihn für eine kurze Weile an; in diesem flüchtigen Augenblick ist er ohne jede Maske, er ist einfach Fredo, der naive Verräter, aber immerhin er selbst, entblößt.

Seitdem ich den Film *Das Haus ist schwarz* zum ersten Mal gesehen habe, konnte ich mich vor allem von einem bewegenden Moment nicht entfesseln: Der Vorbeter in der Moschee der Leprastation betet in aller Demut, indem er sich für all die Gnadengaben Gottes bedankt, die ihm erteilt wurden; seine Hände, die er dabei nach oben streckt, sind beide verstümmelt, das Gesicht entstellt. Es ist noch nicht einmal ein Hauch von Ironie oder Zynismus zu spüren; im Gegenteil: So wie er mit geschlossenen Augen auf dem Boden kniet und seinen Schöpfer preist, vergeht einem der Atem. Es gibt für ihn keine Heilung, kein Entkommen; die Hölle, die ihn umgibt, das ist er selbst. Und er kniet vor Dankbarkeit für seine Existenz und lobpreist Gott dafür. Dass Forough für ihren Film gerade Hiobs Worte in Erinnerung ruft, kommt nicht von ungefähr. Wenn der Glaube abgebildet werden könnte, dann wäre dafür keine andere Geste besser geeignet als das Bild dieses betenden Mannes – voller Hingabe. Der Dichterin gelingt es, diesem unverfälschten Glauben in seiner ganzen Reinheit eine Bühne zu bieten. In diesem Augenblick ist die Hölle, die ich persönlich einst im Krieg und in der Flucht erfuhr, vergessen; seine Hingabe, sein Glaube ist verrückt; dieser Glaube darf nicht sein, und doch findet er statt, er ist real. Dieser Islam macht verrückt; denn er nimmt uns den Schleier vom Gesicht, womit wir stets einen anderen spielen wollen; Muslim zu sein heißt, sich in der Hölle daran zu erinnern, dass wir Menschen sind – und selbst dort uns niederzuwerfen in der Hingabe an den einen Gott. Der Islam vereinnahmt den Menschen nicht, er lässt ihn als solchen erst frei; wir werden als Mensch nicht geboren, so ließe sich die Kernbotschaft des Islam auf den Punkt bringen, sondern wir werden zum Menschen gemacht. Daran wird Muhammad bereits in der allerersten Offenbarung erinnert. Nicht jeder Mensch ist im spezifischen Sinne ein Muslim – dies ist auch nicht notwendig –, aber jeder Muslim hat ein Mensch zu sein. Das ist aber ein Prozess und keine einfache Begebenheit. Das Religiöse, das Forough ausgerechnet im Kerker der Leprabefallenen entdeckt, ist eine zutiefst menschliche Erfahrung: Vergänglichkeit. Als Dichterin der Vergänglichkeit wird sie in ihrer Dokumentation von dem koranischen Wort begleitet, dass jede Seele den Tod koste *(Koran 3:18)*. Sie dokumentiert gleichsam das bloße Leben im Angesicht des Todes, sie dokumentiert das Leben als flüchtigen Augenblick. In einem Gedicht, das erst nach ihrem Tod erschien, ist zu lesen:

»In der Nacht zieht etwas vorbei
Der Mond ist rot und aufgeregt
Und über diesem Dach, das jeden Augenblick
über ihm einzustürzen droht
Warten die Wolken wie eine Menge Trauernder
Man möchte sagen, auf den Augenblick des Regens
Ein Augenblick
Und danach – nichts
Hinter diesem Fenster zittert die Nacht
Und die Erde verharrt

In ihrer kreisenden Bewegung
Hinter diesem Fenster schaut ein Unbekannter
Besorgt auf mich und Dich
Ach Du, dessen ganzer Körper grün ist
Leg Deine Hände wie eine brennende Erinnerung
in meine liebenden Hände
Und Deine Lippen, wie ein Empfinden, warm vom
Sein,
Vertraue den Zärtlichkeiten meiner liebenden Lippen
an.
Der Wind wird uns tragen
Der Wind wird uns tragen.«

Forough Farrokhzad ist eine der bewegendsten weiblichen Stimmen des 20. Jahrhunderts. Als die Dichterin ein Jahr vor ihrem frühen Tod im Jahre 1966 gefragt wurde, was Dichtung denn mit dem eigentlichen, dem realen Leben zu tun habe, antwortete sie: »Es gibt kein reales Leben ohne die Dichtung.« Die Dichtung ist aber nur dann wahrhaftig, wenn sie das Leben widerspiegelt. Somit bricht Forough voller Entschiedenheit mit all den klassischen Vorgaben der persischen Dichtung. Die Form ihrer Gedichte entspricht deren Inhalt: Sie sind gebrochen, ungereimt und explosiv. Will die Dichtung kein akademisches Gehabe sein, sondern der sprachliche Ausdruck des Lebens, dann muss sie auch vom nackten, ungeschminkten Leben handeln – und zwar in dessen ganzer Zerbrechlichkeit und Zerrissenheit. Foroughs Blick ist weder nackt und entblößend noch jämmerlich und düster, geschweige denn künstlich und verschönernd. Ihr Blick ist scharf, weiblich und suchend. Sie wurde stets von einer dunklen Sehnsucht getragen, das bloße Leben in seiner schmerzhaften Ästhetik selbst erklingen zu lassen. Das bloße endliche Leben in einer Welt, die nicht selten einem Kerker gleicht, in dem sich jede noch so gepriesene Endlichkeit in eine Unendlichkeit verwandelt. Foroughs Stimme ist die Stimme einer Frau, die klagt, ohne laut zu sein. Sie schreit mit leiser, anmutiger Stimme, sie argumentiert, betet und schweigt.

Noch einmal: Nicht der Tod ist das Bedrohliche; so ist auch der Koran nicht etwa ein Totenbuch; er ist ein Buch des Lebens, ein Buch für das Leben. Die Welt, die der Film einfängt, ist eine Welt, in der Menschen nicht vom Tod, sondern gerade vom Leben bedroht sind. Dieses Leben wird dann bedrohlich, wenn der einzelne Mensch von seinem eigenen Körper deformiert, verdunkelt, ja, restlos abgestoßen wird; seine ihm überantwortete Existenz vollzieht sich im Dunkeln, hinter Masken, verschleiert ohne Schleier. Wenn der Gott, von dem im Islam die Rede ist, nicht gerade diese Menschen trägt und tröstet, wenn er diesen nicht nahe ist und von ihrer Rührung gerührt, wenn er ihren Ruf nicht hört, welchen Sinn soll dann seine Offenbarung haben? Das Haus des heimlichen Protagonisten der ganzen Dokumentation, des sich hingebenden Vorbeters, ist nicht schwarz; er hat gar kein Haus. Er vagabundiert in einer Welt voller leerer Häuser. Er ist »weder vom Osten noch vom Westen, nicht von dieser, nicht von jener Welt«, wie es einst der persische Mystiker Maulana Rumi ausdrückte.

Die humanitäre Wendung, die Forough leise vollzieht, provoziert die wesentliche und äußerste Frage der Religion des Islam: Was ist der Mensch? Der Mensch ist nicht die

Voraussetzung der Religion des Islam, sondern deren Resultat, deren Ziel. Die Humanität in ihrer ganzen Erfüllung ist insofern die äußerste Frage des Islam, als sich in der Frage nach dem Menschen, die ebenso sehr für Immanuel Kant die entscheidende Frage der Philosophie bedeutete, die Frage nach Gott entscheidet; denn die Gotteserkenntnis ereignet sich nach einem berühmten Wort des Propheten in der Erkenntnis des Menschen: »Wer sich selbst erkannt hat, der hat erkannt seinen Herrn«, so stellt sich Gott im Koran, eben vornehmlich als »Gott des Menschen« *(Koran 114:3)*, vor.

Ich glaube nicht an irgendeinen Gott, sondern an den Gott *des* Menschen, an den Gott Muhammads. Als Muslim verliere ich keineswegs das Antlitz des Menschen, wie sehr ich auch vermeintlich auf meine Religion reduziert werde, im Gegenteil: Der Islam bietet keine Alternative zur Menschlichkeit. Die tiefsinnigen Worte von Anne Frank vom 11. April 1944 »Einmal werden wir doch wieder Menschen und nicht nur Juden sein!« sind zeitlos, denn für jede Zeit neu übersetzbar. Die fünfzehnjährige Anne Frank sah äußerst genau, dass das Menschsein eine Hoffnung darstellt, der wir aller Selektion und Reduktion zum Trotz entgegenblicken. In meiner Ausgabe von ihrem Tagebuch entdeckte ich heute eine kurze Notiz am rechten Rand ihrer Worte vom 11. April 1944; ich dürfte etwas älter gewesen sein als sie, als ich diese Worte zum ersten Mal las; dort ist auf Arabisch in grüner Farbe notiert: »Preis Gott!« Darüber ist ein Fragezeichen platziert; ich glaube, es bezieht sich auf den Satz, den sie zuvor schrieb: »Einmal wird dieser schreckliche Krieg doch vorbeigehen.«

Kurz vor ihrem Tod drückte Forough Farrokhzad einem Freund einen kleinen Zettel in die Hand. Am Rand war eine Gedichtzeile notiert: »Behalte den Flug in Erinnerung. Der Vogel ist sterblich.«

9. Jenseits der Mafia

»Don't stop believin'«
Journey

In seinem ersten großen Roman *Verbrechen und Strafe*, der vor Swetlana Geiers Neuübersetzung als *Schuld und Sühne* bekannt war, entführt Fjodor Dostojewski den Leser ins Innenleben seines Protagonisten Rodion Raskolnikow; der bitterarme Student glaubt, durch die Ermordung einer alten, kranken Pfandleiherin das Leben von zwei anderen Menschen retten zu können; er überwindet die Hindernisse seines Gewissens und begeht den Mord; die Situation fordert sogar, dass er die unschuldige Schwester der alten Dame ebenfalls mit einem Beil erschlägt; mit etwas Glück kommt er davon. Sein Gewissen jedoch plagt ihn so sehr, dass er letztlich die Tat gesteht. Dostojewskis Meisterwerk packt den Leser durch seine präzis verwobene Erzählkunst: Von Anfang an zittern wir mit dem Mörder, wir sympathisieren mit ihm; selbst bei den Morden ertappen wir uns, wie wir mit dem Mörder fiebern; wir ärgern uns mit ihm, dass er vergessen hat, die Axt mitzunehmen; innerlich schreien wir ihm zu, dass er doch schnell die Schwester ermorden und den Tatort verlassen soll. Die Identifikation mit dem Bösen – immerhin ist er ein zweifacher Mörder – steigert sich so sehr, dass wir sogar vor dem negativen, abstoßenden Gefühl gegenüber dem Ermittler blind werden, der ihm auf die Schliche gekommen ist, obgleich er eigentlich für das Recht auftritt. Aber wir identifizieren uns niemals mit dem Bösen; vielmehr zeigt sich das Böse anders; es ist vertraut, es fühlt sich richtig an. Wir werden Zeuge und übernehmen zugleich sein Verbrechen, identifizieren uns mit dem scheinbar Guten in ihm, indem uns Dostojewski vor Augen führt, wie schleichend und unscheinbar das Böse ins Gute umschlägt oder immer schon umgeschlagen ist. So wird der Roman zur Projektion unseres eigenen zerrissenen Innenlebens.

Große Werke zeichnen sich vor allem dadurch aus, dass sie sich nicht kurz und knapp zusammenfassen lassen; *Verbrechen und Strafe* ist keine Kurzgeschichte, der Roman ist vielfach verstrickt und verwoben; gerade deshalb beherrschen Werke wie dieses unseren Alltag, das alltägliche Gespräch. Die Komplexität, die Dostojewski mit der Hauptfigur seines Romans erreicht, die Intensität, wodurch der innere Konflikt des Protagonisten den Leser ergreift, findet sich in der Mafia-Serie *Die Sopranos* wieder und erreicht hier eine neue Dimension. Diese Serie will nicht nur die Fortschreibung eines Romans sein, sie will nicht nur die großen europäischen Epen in Form einer TV-Serie fortsetzen. *Die Sopranos* avancieren zu einer neuen Erzählform. Im Grunde hätte die Serie auch *Verbrechen und Strafe* heißen können; der bedeutende Unterschied dabei liegt darin, dass es nicht wie bei dem Roman im ersten Teil der Serie um Verbrechen oder Schuld und im zweiten

Teil um Strafe oder Sühne geht; vielmehr sind Schuld und Unschuld, Verbrechen und Strafe in jedem Augenblick der *Sopranos* derart miteinander verflochten, dass ein eindimensionales Urteil über Gut und Böse unmöglich wird; zudem besteht die Besonderheit der *Sopranos* darin, dass die individuelle Aneignung des Bösen und der partielle Umschlag vom Bösen zum Guten und umgekehrt hier eine kollektive Ebene erreicht: die Familie. Damit ist sowohl die berufliche Familie, das organisierte Verbrechen, also *la famiglia*, als auch die persönliche Familie gemeint. Der Grund dafür, dass es die *Sopranos* als TV-Serie geben muss, scheint mir darin zu liegen, dass die Struktur der zweifachen Familie in die eigene Familie der Zuschauer hineingreift. Hegel hätte gesagt: »Im Anschauen ist das Angeschaute in mir, denn *ich* schaue ja an; es ist meine Anschauung.« Wer 86 Folgen der *Sopranos* gesehen hat, jede davon knapp eine Stunde lang, ist bereits derart in diese Welt verstrickt, dass von Kategorien wie Sympathie und Antipathie nicht mehr sinnvoll gesprochen werden kann; der Zuschauer ist ein Teil der Familie geworden.

Dabei ist Tony Soprano, das Oberhaupt der Familie, nahezu ideologisch von einem Satz überzeugt: »Am Ende kannst du dich auf deine Freunde nicht verlassen, am Ende ist es nur die Familie, die zählt.« Wobei jedoch die Tücke dieser Mafiafamilie darin besteht, dass auf sie gerade kein Verlass ist; Tony Soprano vertraut keinem der Mitglieder seiner Familie: Seine Mutter hat ihn verraten, sein Onkel wollte seinen Tod, seine Schwester denkt ohnehin nur an sich, seine Frau verachtet ihn, aber sie ist egoistisch genug, dies zu verdrängen, seinen Cousin erschießt er, um einem Mafiakrieg zu entgehen, und in einem der intensivsten Momente der Serie erstickt er seinen Lieblingsneffen. Die Mitglieder seiner anderen Familie, die ihm eigentlich am nächsten standen, entlarven sich mit der Zeit entweder als FBI-Agenten, oder er bringt sie eigenhändig um. Durch die Textur der Ereignisse verkehrt sich also die *Familie* in ihr Gegenteil: in den blanken Horror.

Tony Soprano ist der Boss dieser Familie aus New Jersey. Er ist aggressiv, plump, dominant und egozentrisch, ohne besondere Moralvorstellung; er ist aber auch pragmatisch, intelligent, mit besonderer Begabung als Führungskraft. Mit seinem massigen Körper, der Folge für Folge an Volumen zunimmt, strahlt er schon rein äußerlich genau jene Brutalität aus, die er auch in seinen Handlungen skrupellos an den Tag legt: Er lügt, betrügt, schlägt und mordet – auch mit den eigenen Händen. So weit erfüllt er alle Klischees, die man von einem Mafiaboss haben kann. Die Neuartigkeit des Genres zeigt sich aber darin, dass er auch ein ganz gewöhnlicher Mensch unserer Zeit ist, überfordert, gestresst und getrieben. Tony Soprano, Mafioso der zweiten Generation, ist der Pate mit regelmäßigen Panikattacken, mit Schuldgefühlen, Depressionen und Angst; er ist melancholisch, zerbrechlich und hilflos, zuweilen sogar wehrlos; Soprano schluckt Prozac, kämpft gegen seine Ehekrise und Impotenz. Er ist aber auch stolz darauf, Tony Soprano zu sein, und zugleich ist er Opfer seiner eigenen Biografie. Dagegen wirken die Schuldgefühle eines Michael Corleone, seinen Bruder ermordet zu haben, nahezu seicht.

Genau genommen ist jede Person der Serie in sich selbst verloren. Jede Figur besitzt aber auch eine Scheinwelt; die Maske der Erträglichkeit. Und dieser Schein wird durch die Familie, die Mafia, ermöglicht. Innerhalb der Familie gibt es Spielregeln, die den inneren Riss der Personen nicht in den Vordergrund treten lassen. Und doch bricht das Verdrängte unweigerlich heraus: Die Familienmitglieder outen sich, sie fliehen oder sie erhängen sich. Eine komplexere Form der Verdrängung, die Erfolg verspricht, zeigt sich allein in der Selbstverleugnung, wie sie Tony Sopranos Ehefrau verkörpert; wobei auch hier das Anhaften am Schein zum Charakterzug geworden ist. Und dennoch vollzieht sich das ganze Epos alltäglich im Genuss. Italienisches Essen ist omnipräsent, obsessiv wird gegessen und getrunken. Der Genuss in all seinen Dimensionen ist aber derart ritualisiert, dass er zum Geschäft gehört: Am Tisch oder an der Theke werden Zärtlichkeiten ausgetauscht, Freundschaften geschlossen, Entscheidungen getroffen, zu Tisch wird auch gestorben und ermordet. Und wieder verkörpert Tony Soprano dieses Ritual. Jeden Morgen geht er in Boxershorts, Unterhemd und Morgenmantel zum Kühlschrank, isst einige Scheiben Salami, trinkt Milch, um wieder ins Bett zu gehen, immer und immer wieder. Er isst, isst und isst. Von Folge zu Folge nimmt er zu, sein Gang wird langsamer, sein Atem schwerer. So wird der Genuss zu einem unabdingbaren Moment seiner Realität, aber eben im verkehrten Sinn: Das Essen ist genau das, was nicht in ihn gehört. Sein Gewicht wächst proportional zu seiner Lebensgefahr.

Das Epos beginnt damit, dass der Mafiaboss zur Psychiaterin geht. Der große Tony Soprano, dessen Gegenwart sonst die Luft erzittern lässt, sitzt auf der Couch der attraktiven italo-amerikanischen Therapeutin. Er ist aber kein gewöhnlicher Patient; seine bloße Erscheinung, seine Anwesenheit, massig und gewaltig, beherrscht den Raum. Tony Soprano spricht; er spricht über seine selbstsüchtige Mutter, seinen machtbesessenen Onkel, sein Geschäft und vor allem über seine eigene Unzulänglichkeit und Ohnmacht. Dabei spricht er kodiert und in Metaphern, aber bereits das ist im Kontext der Mafia ein Skandal. Mit seiner ganzen Existenz verkörpert und verleugnet Tony Soprano die Mafia. Und die Seele des Paten scheint undurchlässig zu sein, allein die intimen Momente der Stille offenbaren den Abgrund, in den sich die anfänglich distanzierte Dr. Jennifer Melfi von Mal zu Mal verstrickt, ja, sie entwickelt eine eigene Sucht für den Mann, der sie offenkundig und vergeblich begehrt. Damit erreicht das Epos eine neue Qualität, denn nun verliert auch die Psychiaterin als letzte mögliche Instanz einer Moralität ihre Geltung. Es gibt keine übergeordnete Instanz für Moral; es gibt kein Entkommen aus der Familie, es gibt kein Außerhalb; es gibt nur den Schein der Erträglichkeit, den Alltag.

Und dieser Alltag besteht für Tony Soprano darin, den Müll zu entsorgen als Sinnbild seiner eigentlichen Tätigkeit. Dabei ist die Praxis von Dr. Melfi der einzige Ort, an dem die ganze Unerträglichkeit, die Realität, konzise zum Vorschein kommt. Der Zuschauer erstickt gleichsam mit der Einsamkeit des Tony Soprano, die allein Dr. Melfi in ihrer Praxis inszenieren kann. Sein Blick, intensiv und stechend, durchdringt seinen Zuschauer mit einem anziehenden Charme, der aber schlagartig in den Abgrund seiner Seele blicken lässt. Der Zuschauer sieht eine Nacht, wenn er ihm »ins Auge blickt«, wie es Hegel einmal sagte, »in eine Nacht hinein, die *furchtbar* wird; es hängt die Nacht der Welt hier einem entgegen«. Sein Blick zeigt diese Nacht, der das Trauma der Welt innewohnt, unüberwindbar und irreduzibel. Seine Therapie scheitert, sie muss scheitern, weil er der Ort ist, an dem sich dieses Trauma verwirklicht. Damit scheitert die Therapie überhaupt als Konzept; in dieser zeigt sich zwar das Traumatische als Akt der Wiederholung und mithin als Muster; Tony Soprano jedoch gelingt es, sogar die Therapie selbst für die Machenschaften seiner Seele umzudeuten. Aus ihr lernt er Strategien, wie er partielle Probleme der Familie in »Ordnung« bringt. Die Therapie, die nach Dr. Melfi einer Geburt gleichen soll, wird somit verkehrt, sie schafft Unheil, und die Therapeutin wird zu einem unfreiwilligen Handlanger der Familie. Es gibt keine Heilung im Unheil. Vor allem gibt es keine Einsicht, keinen Fortschritt. Als würden wir uns in einer sokratischen Aporie befinden, gibt es kein Entrinnen, keinen offenen Horizont aus dieser Geschichte.

Die *Nacht der Welt* ist nicht einfach schwarz; aber auch diese Nacht ist im Blick von Tony Soprano zu erblicken; dies ist in der letzten Szene der Serie als ein eigenes Kunstwerk inszeniert. Wir sehen mit dem letzten Blick von ihm: schwarz – für neun Sekunden, laut- und regungslos. Ende. Die Blicke davor verraten die eigentliche Unheimlichkeit des Ganzen. Der junge Hegel zeichnet in diesem Zusammenhang durch die Inspiration von Bonaventuras *Nachtwachen* ein eigentümliches Horrorszenario oder, wie Slavoj Žižek bemerkte, eine »gespenstische Erscheinung« für diesen abgründigen Blick: »[H]ier schießt dann ein blutig[er] Kopf, dort ein[e] andere weiße Gestalt plötzlich hervor und verschwindet ebenso.« Die radikale Unbestimmtheit im Blick von Tony Soprano, diese Unschärfe lässt uns erschaudern. In ihm sind Bruchstücke, Trümmer, Splitter und Fetzen zu entdecken, die als Akt der Zerstörung, Zerstückelung, eben blutiger Kopf und weiße Gestalt, sowohl seine Innenwelt als auch sein Gewerbe kennzeichnen: die Allgegenwart des Todes. Damit avancieren die *Sopranos* zu einer zeitgemäßen Komposition der griechischen Tragödie, bei der der Protagonist wie König Ödipus an seinem eigenen Ideal und Maßstab zugrunde geht. Auch an dieser Stelle ist das Epos deshalb überragend, weil es von Anfang an eine immer steigende Spannung generiert, welche das ganze Unterfangen an ihrer eigenen Norm zugrunde richtet.

10. Der Terrorist als der Sade'sche Held und das Kafir-Paradoxon

»Nichts ist kläglicher, als sich dem Teufel umsonst ergeben.«
Friedrich Schlegel

Für Osama bin Laden glich die Welt einem antithetischen Verhältnis. Aristoteles scheint auch ihm insgeheim nachgeschlichen zu sein; denn seine Ideologie, die Idee von al-Qaida überhaupt, funktioniert allein auf der Basis einer Logik, die auf Aristoteles zurückgeht: die bipolare Verstandeslogik. Für diese Denkweise gibt es nur antithetische Positionen, entweder Wahr oder Falsch, Gut oder Böse. Dass die Anderen nur ein bisschen falsch sind, hört sich für den Verstand genauso absurd an wie die Behauptung, eine Frau sei nur ein bisschen schwanger. Eine dritte Position, ein Dazwischen, ist unmöglich, eben *tertium non datur.* Die Spaltung ist unaufhebbar, unversöhnlich, weil der Verstand *(ratio)* nur ein Missverhältnis zur Pluralität haben kann, wenn seine binäre Ordnung nicht kollabieren soll. Vor diesem Hintergrund zeigen sich die Terroristen nicht nur als modern – wie sehr sie sich auch hinter der Fassade der Tradition und der Ursprünge des Islam verstecken wollen –, sondern auch als ausgesprochen rational. Der Terror begann dann, als es nicht mehr bloß bei der fraglichen Einsicht blieb, die Welt in Gläubige und Ungläubige, d. h. eben Gut und Böse, zu unterteilen, sondern Osama bin Laden erklärte bereits am 23. Februar 1998 unmissverständlich, dass diese Differenz nicht sein soll. Es sei die Pflicht der Muslime, so sein Aufruf, die Anderen, also die »Amerikaner und ihre Verbündeten, ob Zivilisten oder Militärs, zu töten«. Die Anderen werden absolut verneint, sie sollen annihiliert werden. Dieser Terror verharrt beim Negativen und er begehrt zugleich; Osama bin Laden interpretierte nicht etwa seine Religion terroristisch, sondern seinen Terror religiös; um einen wie ihn zu verstehen – wenn so etwas überhaupt möglich ist –, mögen soziopolitische wie auch religiöse Kontexte sicherlich hilfreich sein, aber sie treffen nicht den Kern des Schreckens, wollen wir seinem Terror auf die Spur kommen. Bereits Navid Kermani hat in seinem exzellenten Essay *Dynamit des Geistes* den Terrorakt vom 11. September 2001 in seiner nihilistischen Bestimmung als ein spezifisch modernes Phänomen schlüssig entlarvt. Wenn Terror ursprünglich *Schrecken* bedeutet, wie ihn auch Thomas Hobbes bereits als eine legitime Form der Staatgewalt als »terror of legal punishment« begriff, so liegt das eigentlich Erschreckende bei den Terroristen nicht in deren verstörtem Verhältnis zur Welt, zu ihrer Religion, sondern zur Pluralität überhaupt. Als ein dezidiert modernes Phänomen, unverschuldet von Nietzsches Nihilismus geprägt, verfügt dieser Terrorismus über eine besondere Attraktivität, weil er global vernommen werden kann, weil er eine klare Sprache gefunden hat, weil er kreativ ist. Von einem persönlichen Feind, von der Gefährdung der nationalen Sicherheit oder von

Verfassungsfeindlichkeit zu sprechen ist einfach nur plump; denn diese Termini stellen Kampfbegriffe dar, die den Anderen bloß als Negation begreifen und eine gezielt *konservative* Haltung präsentieren. Es geht dabei stets um die Bewahrung der real existierenden und positiv bestimmten Gegenwart. Hingegen ist der Terror von al-Qaida von einem Begehren bestimmt. Er begehrt das Bevorstehende, das Offene, das er selbst kreieren will. Damit verleugnet er die eigene Gegenwart; sie gilt bloß als Provisorium, als Übergang. Die eigene, die gelungene Zukunft erkennt dieser Terror allein auf dem Boden der Zerstörung, der Negativität. In dieser Zukunft kommt er selbst aber nicht vor. Diese Zukunft ist utopisch. Und damit sie utopisch bleibt, muss der Feind überdimensional groß erscheinen; das Ziel: die Umkehrung des Ganzen, die totale Umwertung der Werte. Die Kreativität dieser Haltung besteht nicht allein darin, dass der Terror seine Taten in religiöse Begrifflichkeiten übersetzt – darin unterscheiden sich die konkurrierenden Positionen für das »Gute« im Kampf gegeneinander gerade nicht; so sprach Georg W. Bush wiederholt von den »Kreuzzügen gegen das Böse«; vielmehr ist es bemerkenswert, dass das Begehren nach dem Anderen, nach dem Sein-Sollenden, jede Grenze überschreitet, ihm ist nichts heilig; so ist der Terror totalitär. Der Andere, gegen den er sich totalitär positioniert, muss eine konkrete Opposition darstellen, die es unmissverständlich wert ist, zugrunde zu gehen. Dabei gibt es kein *Wir* und *Ihr*; das *Wir* von Osama bin Laden besitzt keinen Raum, keine Nationalität, ihm ist bloß ein leerer Ort eigen; es ist ein *Wir*, das sein *soll*. In Wahrheit gab es für ihn kein *Wir*; es gab nur *das Ihr*, die Anderen. Insofern sind die Anderen für ihn ebenso sehr totalitär. Die äußerste religiöse Position, die Osama bin Laden vertrat, zeigte sich nicht darin, dass der Kampf, für den er warb, ein Kampf für die wie auch immer verstandenen Gläubigen war, sondern ein Kampf für Gott. Der Terror, den er als Figur verkörperte, sollte nicht die guten, frommen Gläubigen schützen; er sollte Gott schützen. Wenn nichts in der Welt es wert ist, bewahrt zu werden und für diesen Kampf unantastbar zu sein, dann bedeutet dies unweigerlich, dass eine menschenleere Welt besser ist als die reale Welt. Diese nihilistische Position des Terrorismus heißt in Reinform: Es ist besser, dass alles zugrunde geht; es ist besser, dass es nichts gibt, als dass überhaupt etwas wäre. Die Evidenz für diese These liefert dabei die Figur desjenigen, der sein eigenes Leben für diese Idee opfert. Jeder Mensch, wer er auch sein mag, ist jederzeit wert, vernichtet zu werden. Der militante Nihilismus des Terrorismus leugnet mit seiner Haltung zur Schöpfung wesentlich den Schöpfer. Daher ist das Paradox von al-Qaida in der Tatsache zu finden, dass sie die Position aller Religionen umkehrt: Sie leugnet Gott. Das radikale Anhaften an dem einzig Wahren hat sie von all dem entfremdet, was auch nur am Rande mit dieser »Wahrheit« zu tun haben könnte. Sie identifiziert sich mit dem Willen Gottes. Die Identifikation verblendet sie aber zugleich; sie kennt keine Demut, keine Sorge, keinen Zweifel. Diese Entschlossenheit, bedingungslos und gewiss, widerspricht jeglichem Inhalt des Islam als einer Religion der Hingabe. Aus der unendlichen Distanz zur Welt verliert Osama bin Laden die Distanz zu Gott. Er weiß nicht, dass er sich so verhält, als würde Gott nicht existieren. Er vollzieht den Akt des höchsten Opfers, indem er seine eigene Existenz für die Vernichtung des Ganzen aufgibt – im Namen eines Ideals, das er damit aber *unbewusst* leugnet. Das am häufigsten Erwähnte ist dabei das eigentlich Verdrängte: Gott. Mit der Verneinung der Welt verneint er das, wofür er alles verneint. Darin besteht seine Attraktivität – und seine Tragik. Indem er die vermeintlich äußerste Möglichkeit ergreift, ein ausgezeichneter religiöser Mensch zu sein, was er selbst mit dem eigentlich sehr wertvollen Terminus »Mudschahid« übersetzt, besteht seine Tat als Selbstmordattentat in seiner Selbstverleugnung. Er verkörpert seine eigene Verneinung.

Sich aus Sorge um die eigene Familie in den Tod zu begeben ist keine islamische Erfindung. Auch die Mafia kennt das. Um seine Familie zu schützen, begeht Frank Potencelli, dessen Verrat fehlschlug, Selbstmord. Damit seine Familie versorgt bleibe, vereinbart er mit dem Consigliere von Don Corleone, dass er sich das Leben nimmt. Er versichert ihm das, indem er indirekt über sich spricht: »Ihre Familien waren versorgt. (...) Sie gingen nach Hause, nahmen ein heißes Bad, öffneten sich die Venen und verbluteten.«

Doch im Terrorakt kehrt sich alles um: Der Täter ist zugleich das Opfer, das Begehren schlägt um ins Erfüllen der Pflicht. Die Terroristen töten nicht ungern, wie sie sich auch nicht ungern selbst in die Luft sprengen – sie strahlen dabei eine gewisse Seligkeit aus, denn es sei die Pflicht des Lebens. Der wahre Wille zum Genuss verwandelt sich in ein Pflichtgebot. In diesem umgekehrten Kantianismus (das Erfüllen der Pflicht als Gebot der Sittlichkeit schlägt bei Kant um in das Verfolgen der Lust), in diesem Sadismus also erfüllt der Terrorist seine Tat. Das Begehren, das zur Pflicht avanciert, bleibt nicht gehemmt und konstitutiv unbefriedigt; das Begehren wird inszeniert; aber was der französische Psychoanalytiker Jacques Lacan bei dem Sade'schen Helden feststellt, gilt auch bei Osama bin Laden, der sich als Marterwerkzeug des Anderen sieht, in diesem Fall Gottes. Er ist »Agens der Qual« (Lacan), aber er quält nicht für sich; er ist vielmehr das Instrument, und die Qual ist »gut«. Somit genießt der Terrorist in seinem Sade'schen Element nicht, sondern er ist »Instrument des Genießens« des Anderen, insofern ist ihm das Begehren zur Pflicht geworden. Wie Jacques Lacan den Sade'schen Helden in seiner Schrift *Sade mit Kant* beschrieb, lässt sich auch der al-Qaida-Terrorist als eine Figur begreifen, die sich mit der Ursache ihres Begehrens identifiziert. Der Hinweis auf den (vermeintlichen) Willen Gottes, der in keiner Ansprache von Osama bin Laden fehlen darf, wird zum *eigenen* Willen; das Subjekt des Willens wird somit verschoben; die absolute Gewissheit, die aus ihm spricht, ist die Stimme Gottes, die er selbst geworden ist. Im Falle des Sadismus ist die Stimme, die Invokation, der entscheidende Trieb. Die Stimme als die Triebquelle bewegt den Terroristen, sie nimmt ihn als Imperativ in die Pflicht. Der Sade'sche Terrorist identifiziert sich also mit der Stimme. Mit seinem Selbstmordattentat begeht er lustvoll den Tod Gottes an sich selbst. Der Sade'sche Terrorismus ist weder aus dem Wesen der Religion zu verstehen, noch kann er als Folge des Nihilismus betrachtet werden; er stellt die letzte und äußerste Realität des Nihilismus selbst dar: Der Tod Gottes wird dabei nicht verkündet, sondern begangen – nicht am Fremden, sondern am eigenen Selbst. Für die absolute Verneinung des Anderen ist das eigene Leben, das eigentlich wertvoll sein sollte, in Wahrheit (für die Sache) wertlos. Erlösung entsteht im Akt der Zerstörung.

Wie für den Sadisten als Peiniger und Folterer spielen auch für den Sade'schen Terroristen als Attentäter Gefühle keine Rolle. Der Sade'sche Held ist »versteinert«, sagt Lacan. Es ist die Apathie, die Gefühllosigkeit, zu der der Sade'sche Terrorist fähig sein muss, um seine Pflicht erfüllen zu können. Der bevorstehe Akt der Qual darf den Sade'schen Terroristen nicht berühren, nicht affizieren, denn es ist der Schein, aber hinter diesem Schein lauert Befriedigung, Erlösung. Der Terrorist gleicht ferner dem Sadisten, weil er Lust empfindet, indem er anderen Schmerz zufügt; aber in Wahrheit fügt er sich selbst Schmerz zu. Es dürfte wehtun, wenn man sich in die Luft sprengt. Er will die Vernichtung der Anderen, dabei ist das gleichbeutend mit der Zerstörung und Vernichtung seiner selbst.

So seltsam es klingen mag: Kein anderer als Marlon Brando hat dieser Figur als Vito Don Corleone ein Gesicht gegeben. Seine monströse Gefährlichkeit, die er mit seiner bloßen Anwesenheit darstellt, ist zugleich nach innen gekehrt; *Der Pate* hätte niemals einen so großen Erfolg feiern können, wenn es Francis Ford Coppola nicht gelungen wäre, Marlon Brando für seine epochale Inszenierung zu gewinnen. Sein Wille zur Macht zeigt sich als *Wille zu Nichts*. Nichts ist es wert, erstrebt zu werden, wenn nicht einmal Don Vito die brutale Ermordung seines Sohnes verhindern kann; er verursacht sie vielmehr. Diese äußerste Erfahrung des Scheiterns kann man an seiner zerbrechlichen, von Schmerz erfüllten Person ablesen. Das gescheiterte Leben von Christopher Moltisanti, einer der Hauptfiguren der Mafiaserie *Die Sopranos*, überführt diese Einsicht in den Kontext der Postmoderne, dass sich im Leben nichts lohnt, noch nicht einmal das Verbrechen, wie auch Diedrich Diederichsen konstatiert hat. Für die Serie *Die Sopranos* gilt *Der Pate* als »Koran«, so sagt es wenigstens ihr Regisseur David Chase in einem Interview. Christopher Moltisanti steigt rasch auf vom Soldaten zum Kapo; er wird vom Mafiaboss selbst protegiert und gilt sogar als dessen Nachfolger. Christopher ist sich für keine Arbeit zu schade. Er stiehlt, er mordet, er zerkleinert sorgfältig die Leichen, um sie dann zu begraben. Aber er findet keine Erlösung, keine Erfüllung, außer in den Augenblicken, in denen er sich dem Heroin zuwendet. Als er im Rauschzustand einen Autounfall verursacht, erstickt ihn sein Mentor und Protegier. In dieser atemberaubenden Szene, in diesem Scheitern ist Marlon Brandos Don Vito gegenwärtig. Marlon Brando als Don Vito verkörpert die moralische Unentschiedenheit, dass jede Zerstörung in Wahrheit Selbstzerstörung ist.

Der Sadist intendiert nicht »so sehr das Leiden des anderen (...), sondern seine Angst«, konstatiert Lacan. Das Spiel mit Angst, das genuin Sade'sche, ist beim Terror omnipräsent. Al Capone sagte einmal: »Ich habe meine Organisation auf Angst aufgebaut.« So wie das Lustobjekt des Sadisten seinem Peiniger ausgeliefert ist, so sind wir vom Terror beherrscht. Es reichen eine Videobotschaft, eine

E-Mail, ein Telefongespräch, ein Atemzug, und wir sind in Erregung versetzt. Die Neurosen dieser Weltanschauung, ja dieser Welt, die vom Terror beherrscht wird, werden in der US-amerikanischen Fernsehserie *Homeland* dargestellt. Sie erzählt die Geschichte der Angst, die im Zuge des »War on Terror« (George W. Bush) die amerikanische Gesellschaft beherrscht. Die Hauptdarstellerin der Serie ist eine CIA-Agentin, die in Paranoia gerät, weil sie im Irak die Information erhalten hat, dass ein von al-Qaida gefangen genommener amerikanischer Soldat »umgedreht« worden sei. Die Realität des gefeierten befreiten Kriegshelden kehrt sich in ihr Gegenteil um. An dieser Angst geht sie nahezu zugrunde. Alle Charaktere scheitern, weil sie alle in Schuld verstrickt sind. Selbst die intimen Beziehungen brechen auseinander, weil der Terror die Freiheit infiziert hat. Der Krieg scheint heimgekehrt zu sein – das ist Terror.

Für den Sade'schen Terroristen im Namen des Islam bildet der Begriff des sogenannten *Kafir* die Schlüsselfigur. Bestünde die Einsicht der Terroristen nur darin, dass der *Kafir* dereinst in die Hölle befördert wird, könnte man sich entspannt zurücklehnen und darauf warten; aber sie begreifen es als Pflicht, aktiv ihren Beitrag dazu zu leisten, indem sie die Existenz der *Kuffar* (Plural) in dieser Welt auslöschen wollen. Auch in diesem Zusammenhang ist der universale Anspruch des Verstandes unübersehbar, den sie aber nicht allein kalkülhaft vollziehen; sie begehren ihre Tat, sie glauben daran. Die entscheidende Frage ist: Wer ist *Kafir*? Der Begriff *Kafir* kommt bereits im Koran vor. Die Bedeutung dieses entscheidenden Begriffes ist aber nicht ohne Weiteres anzugeben. Die meisten Koranübersetzer bevorzugen die Bedeutung »Ungläubiger«. Den *Kafir* als Ungläubigen zu begreifen erleichtert die Arbeit; damit ist die binäre Ordnung wiederhergestellt: Glaube versus Unglaube. Diese Auffassung vertreten auch die Sade'schen Terroristen, weil sie ausschließlich diesem bipolaren Schema verhaftet sind. Totgesagt und doch allgegenwärtig ist Aristoteles. Aber der Begriff *Kafir* heißt keineswegs Ungläubiger. Weder etymologisch noch semantisch lässt sich rechtfertigen, dass dieser Begriff einfach die Negation des Glaubens ausdrückt, wie auch im Koran (8:55) selbst deutlich differenziert wird. Ungläubig ist derjenige, der den Gegenstand des Glaubens nicht für wahr hält. Er verneint die Glaubensgrundsätze. Aber das Wort *Kafir* drückt eine ganz eigentümliche Haltung aus. *Kafir* ist ein Leugner; nicht bloß einer, der kindisch trotzt; vielmehr verleugnet der *Kafir* das, was er eigentlich für wahr hält. »Der Sade'sche Held ist jemand, der, obwohl er in seinem Innersten weiß, dass Gott existiert, sich so verhält, als würde Gott nicht existieren, und daher all seine Gebote missachtet« (Slavoj Žižek). So kann man, wie es auch die ursprüngliche Bedeutung dieses arabischen Wortes nahelegt, die Haltung des *Kafir* als »undankbar« auffassen. Denn als *Kafir* verkörpert er seine eigene Verneinung.

Sowohl der *Kafir* als auch der Sade'sche Terrorist stellen differenzierte Formen der Verzweiflung dar, wie sie der dänische Philosoph Søren Kierkegaard in seinem Werk *Die Krankheit zum Tode* beschreibt: Der *Kafir* verzweifelt daran, er selbst sein zu wollen, indem er nicht bloß den Gegenstand des Glaubens verleugnet (das wäre die Bestimmung des einfachen Ungläubigen), sondern er leugnet sich selbst als einen Gläubigen, der er eigentlich sein soll. Er will nicht derjenige Mensch sein, der er eigentlich ist. Der Sade'sche Terrorist hingegen verzweifelt daran, *nicht* er selbst sein zu wollen, indem er stets das völlig Andere will, gerade im Zuge der eigenen Selbstopferung, Selbstleugnung. Das erdachte Ideal bleibt immer im Entzug. Die erste und letzte Tat ist Zerstörung des Gegenwärtigen. Beide Figuren sind deshalb als Verzweifelte zu verstehen, weil sie gerade dadurch ihre Erfüllung finden, dass sie in Distanz zu sich geraten müssen.

In einer perversen Form ähneln sich der Sade'sche Terrorist und der *Kafir*: Beide Protagonisten besitzen eine paradoxe Struktur. In ihrem Verhalten sind sie identisch; die einen leugnen Gott überhaupt, und die anderen verhalten sich wie Götter und lehnen damit *den* Gott ab, in dessen Namen sie sich opfern. Das ist aber der *blind spot* des Sade'schen Terroristen: Er weiß nicht, dass er sich mit der Stimme Gottes und damit mit ihm selbst identifiziert. Sein Unterschied zum *Kafir* besteht darin, dass er leugnet, obwohl er davon überzeugt ist, dass in Wahrheit Gott existiert; und der Terrorist weiß nicht, dass er in Wahrheit ein Leugner ist.

Auffällig ist, dass die Figur des *Kafir* zudem eine Seltenheit darstellt; sie ist eine Symbiose aus einem Sadisten und einem Masochisten, um bei der Sprache von Richard von Krafft-Ebing zu bleiben. Also einer, der sich selbst Schmerz zufügen will, der sich selbst verzehren will, indem er sich verleugnet, und gerade dabei Lust empfindet.

Marlon Brando hat in seiner bahnbrechenden Rolle als Stanley Kowalski in *Endstadion Sehnsucht* einzigartig diese Figur verkörpert. Als ungebildeter Einwanderer soll er einen animalischen Proleten verkörpern, der sich gerne von der aristokratischen und kultivierten Blanche DuBois vermitteln lässt, dass er »eher auf der primitiven Seite anzusiedeln« sei. Den subtilen Schmerz seiner überantworteten Existenz nimmt er lustvoll auf, um Blanche so brutal wie nur möglich (er ruiniert ihre Existenz und vergewaltigt sie) Leid zuzufügen. Durch ihren ganzen Lebensstil und ihr adliges Benehmen ist sie für Kowalski ein rotes Tuch; so provoziert er Blanche mit seiner rauen, unsensiblen Art. Die Anfeindungen, Verachtung und Demütigungen von Blanche sind konstitutiv für ihn, damit er den Sieg über die kultivierte Blanche mit ihrer vornehmen Herkunft feiern kann. Masochismus und Sadismus gehen in dieser Figur ineinander. Mit Stanley Kowalski repräsentiert Marlon Brando das neue, das heterogene Amerika. Und Brando spielt seine Rolle bei Weitem nicht so einfältig und monoton, wie sie von Tennessee Williams entworfen wurde. Sein Sex-Appeal war nicht nur von animalisch erobernder Natur, sondern Brando zeigte sich zugleich verletzlich, zaghaft und gedämpft. Er prägte mit diesem Zusammenspiel das neue Bild der Männlichkeit. Das Bild einer Männlichkeit, die nicht abnorm war, sondern zwei Seiten in sich vereinbaren konnte; sie war komplex, diese Sexualität bedeutete mehr als nur den Akt selbst. Marlon Brando wurde ikonisiert. Den Zerfall dieses Symbols erleben wir in dem US-amerikanischen Film *Hautnah*, in dem Patrick Marber für die Symbiose, die einst Marlon Brando darstellte, nun *zwei* männliche Figuren benötigt; Clive Owen und Jude Law spielen jeweils den Sadisten und Masochisten; wobei sie nicht einmal ihre Bestimmungen durchhalten können, sondern ständig ihre Rollen austauschen, um gemeinsam *der* Mann zu sein. Weil es die Gemeinsamkeit nicht geben kann, scheitern sie allesamt.

Die Radikalität des Terroristen gegenüber dem *Kafir* zeigt sich darin, dass der *Kafir* sich nicht völlig ablehnt und leugnet, sondern die Ablehnung und Verleugnung verkörpert. Das Verkörpern der Verweigerung, das heißt die Führung seines körperlichen Lebens als ständige Leugnung, lässt immer noch Raum fürs Leben – wenn es auch auf einem gestörten Selbstverhältnis basiert. Wer ist aber diese ominöse Figur, die als *Kafir* beschrieben wird? Er stellt jedenfalls mit seiner paradoxen Seinsweise eine Herausforderung für die Muslime dar, die sich nicht durch unqualifizierte Ausrufe der Amateure beeindrucken lassen, die die Terroristen letztlich sind.

11. Moe Greene, Luca Brasi und Osama bin Laden

»›Louis Brazi sleeps with the fishes.‹
›Luca Brasi. Luca!‹
›Whatever.‹«
Die Sopranos

»Hey, du Scheiß-el-Keiida!«, wurde ich einmal in der Straßenbahn in Freiburg beschimpft. Der Mann, der mir in der überfüllten Bahn gegenüberstand und mich voller Hass anblickte, roch nach Alkohol; er wirkte sehr heruntergekommen. Schweren Herzens tat ich so, als hätte ich ihn nicht gehört. Er wiederholte seine Feststellung, und sein Gesicht wurde vor Verbissenheit etwas bleicher. Die anderen Passanten schauten erfolgreich weg. Aus Verlegenheit fing ich an, ihm einen Tipp zu geben: »Das heißt nicht ›el-Keiida‹, sondern ›al-qāʿida‹. Es ist kein ›K‹, sondern ein kehliges ›Q‹, und das ›A‹ ist lang, und dann kommt ein Kehllaut, der tief hinten im Hals gesprochen wird, ein ʿayn: al-qāʿida.« Er machte plötzlich mit. »Al-kaaida, al-kaaida.« Ich lobte ihn und wies darauf hin, dass er den Kehllaut noch einmal versuchen solle. »Al-qaaida, stimmt's?«, wollte er wissen. Ich nickte voller Bewunderung. Die Menschen, die uns zuhörten, schienen etwas irritiert. Als ich ausstieg, klopfte er mir auf die Schulter und verabschiedete sich mit den Worten: »Tschüss, und danke noch mal!«

Osama bin Laden gehört zu meiner Biografie. Unsere gemeinsame afghanische Geschichte ist dabei unbedeutend. Während ich die sowjetischen Soldaten in Kabul mit Steinchen beworfen habe, hat er sie auf den afghanischen Bergen gejagt und zu erschießen versucht. Das verbindet uns nicht. Uns verbindet auch nicht das Bekenntnis zum Islam. Das beschämt mich eher. Seine Ansprachen und Analysen lassen mich kalt; bestenfalls spüre ich Verachtung. Und doch gehört er zu mir. Er ist mein Osama bin Laden. Wenn ich in seine Augen blicke, sehe ich ein Stück von mir. Mit welcher Vertrautheit er den afghanischen Boden berührte, wie erzürnt er war wegen der sowjetischen Invasion in Afghanistan, wie stolz er sich fühlte, die Invasoren abgedrängt zu haben – ist das unsere Verbindung, unsere Vertrautheit? Er ist mein Osama bin Laden, weil er meine andere Geschichte erzählt. Wenn er das Böse ist, wenn er das Böse verkörpert, dann ist dieses Böse mir nicht völlig fremd; Osama bin Laden ist das Böse in mir. Seine Biografie ist eine moderne Biografie. Er lebte das Leben eines modernen Menschen in meiner Welt. Er machte Urlaub in Schweden, liebte das Nachtleben, die Discos; er besuchte einen Sprachkurs in Oxford und so weiter und so weiter. Osama bin Laden ist, weit davon entfernt, mystifiziert zu werden, ein konstitutives Moment einer Wirklichkeit, die ihn nicht mehr verbergen kann.

Er sitzt in einem verdunkelten Raum in Pakistan; er hört, dass das Haus, in dem er sich seit einiger Zeit selbst eingekerkert hat, gestürmt wird. Er greift nicht zur Makarow-Pistole, die sich im Raum befindet; er bleibt still im Dunkeln. Das US-Spezialkommando der *Navy Seal* erschießt ihn an Ort und Stelle. Peter L. Bergen, der als erster westlicher Journalist bereits 1997 in den afghanischen Bergen Osama bin Laden für den Nachrichtensender CNN interviewte, schildert seine Tötung in seinem Buch *Die Jagd auf Osama bin Laden* mit den Worten: »Bin Laden leistete keinen Widerstand, als man ihm eine ›doppelte Ladung‹ in die Brust und ins linke Auge schoss. Es war ein grässlicher Anblick: Das Gehirn spritzte bis an die Decke und sickerte aus der Augenhöhle. Der Fußboden um das Bett war von bin Ladens Blut verschmiert.« Das erinnert zunächst an das sogenannte »Moe Greene Special«. Wurde nicht Moe Greene durch die Brille hindurch ins Auge geschossen, sodass ihm das Blut aus der Augenhöhle über sein Gesicht sickerte und Moes Liege verschmierte? Bei Mario Puzo, im Roman *Der Pate*, wird er nur erschossen, wie Pauli Walnuts Gualtieri in der Mafiaserie *Die Sopranos* seinen Kumpan Big Pussy Bonpensiero korrigiert: »Dieser Schuss ins Auge war nur (Francis Ford) Coppolas Idee, wegen des Schockeffekts.« Nachdem sich Moe Greene nicht vom Paten aufkaufen ließ, hält Mario Puzo fest: »Moe Greene war ein toter Mann.« Die Corleone-Familie wollte ihn nicht mehr überzeugen; denn er ohrfeigte öffentlich den Sohn des Paten. Noch mal mit Greene verhandeln? Selbst der Don Vito sagte über ihn: »Moe Greene ist ein Mann, mit dem ich lieber nicht sprechen möchte.« Wer hätte schon gerne mit Osama bin Laden gesprochen? Doch Moe Greene war kein Außenstehender, kein Fremder. Darin ähneln sich er und Osama bin Laden sehr. Seit Jahren machte die Familie Geschäfte mit Moe Greene; und er war erfolgreich. Greene hatte Visionen, die im Einklang standen mit denen der Corleones, und er war ein Mann der Tat. Aber er sah sich niemals als Handlanger der Corleones. Plötzlich veränderte sich die Geschichte, und seine Existenz war untragbar. Sein Ende besitzt Symbolcharakter. »Moe Greenes Augen wurden zu groß für seinen Magen. Also bekam er einen Schuss ins Auge«, erläutert Big Pussy Bonpensiero die Botschaft. Solange Osama bin Laden gegen die sowjetischen Soldaten Seite an Seite mit den Mudschaheddin in Afghanistan kämpfte, gehörte er noch zur *Familie*. Seit dem Abzug der sowjetischen Soldaten im Jahre 1989 wurden seine Augen zu groß; sein Dschihadismus war nicht mehr beschränkt auf Afghanistan. Sein Kampf zwischen Gut und Böse gewann eine entschieden eschatologische Note. Der Schuss in sein linkes Auge gehört noch zu dieser Inszenierung. Dabei geht es nicht um die Ermordung eines Gangsters, sondern um die Sinnkonstellation, die sich aus diesem symbolischen Akt herauskristallisiert. Michael Corleone hätte seinen Bruder Fredo, der ihn verraten hatte, auch unauffälliger beseitigen können; doch Fredo wird auf dem Tahoe Lake in den Hinterkopf geschossen, während er ein Ave Maria betet, um einen Fisch (!) zu angeln. Diese äußerst symbolische Handlung wird dadurch besiegelt, dass Michael die Ermordung seines älteren Bruders, gleichsam seine Todsünde, aus seinem Wintergarten heraus direkt betrachtet.

Das hat Osama bin Laden selbst von Anfang an verstanden und in Szene gesetzt. Die forcierte Virtualität des 11. September zeigt überhaupt, was ein Symbol sein kann.

Die historische Bedeutung des 11. September 2001 als epochale Zäsur, als identitätsstiftender Einschnitt, generierte sich erst später, nachdem man überhaupt begriffen hatte, was tatsächlich geschehen war; aber im Augenblick des Ereignisses, in dem das Ungeheuerliche geschah, kreierten der explosive Moment und die damit einhergehende optoakustische Atmosphäre uneinholbar das intendierte Symbol. Es ist die zeitlose Gegenwart des Schreckens (lat. *terror)*, die sich in die Seelen einschreibt; das Gefühl dieses Augenblicks mit seiner einbrechenden Ästhetik verewigt sich, und New York avanciert zur Mitte der westlichen Welt. Der symbolische Akt erzeugt die Möglichkeit, dass die Spontaneität, das momenthaft Wahrgenommene des 11. September, wiederholbar wird. Das Gefühl, das Entsetzen und das Opferbewusstsein, die Erinnerung daran vergehen nicht; vielmehr sind sie für immer wieder vergegenwärtigt; es gibt keine Distanz, keine Entfernung und keine Neutralität zum Geschehen, weil das Einzelne zum Allgemeinen wird; allein dieser symbolische Charakter schafft dieses totale Ereignis.

Die Selbstinszenierung Osama bin Ladens war gerade deshalb erfolgreich, weil er zum Symbol wurde, indem er stets hinter sich trat. Im Unterschied zu Moe Greene war Osama bin Laden nicht laut, nie zeigte er sich als wutentbrannter Gangster. Im Gegenteil: Nicht selten verglich er seinen Weg mit dem des Propheten Muhammad. Nicht nur sein Duktus, sondern auch der Ort, vor einer Berghöhle, wo er sich oft in seinen Videobotschaften platzierte, enthält für das islamische Bewusstsein eine symbolische Bedeutung. Er strahlte Ruhe aus. Wie energisch er auch gegen den Feind wetterte, blieb sein Gesicht nahezu ausdruckslos, seine Augen waren mild, er wirkte schüchtern und zerbrechlich. Das ist das eigentlich Beängstigende. Die Entstehung seiner Vision von al-Qaida ereignete sich auf den afghanischen Bergen. Seine Selbstinszenierung bestand zugleich in der Selbstzurücknahme. Bin Laden zeigte Gesicht, indem er sein Gesicht verbarg. »Enemy without a face«, nannte es Georg W. Bush in einer Rede unmittelbar nach dem 11. September. Diese Depotenzierung der eigenen Person schaffte einen undefinierten Raum für die Vision, die er unermüdlich als Pflicht aller Muslime auszugeben versuchte. Al-Qaida gewann dadurch Selbstdynamik und Allgegenwart. Im Kampf gegen die sowjetische Besatzung in Afghanistan schien er auf der »richtigen« Seite zu stehen, der furchtlose Mann am Hindukusch. Er »fürchtete nicht die Polizei, er fürchtete nicht die Gesellschaft, er fürchtete nicht Gott, er fürchtete nicht die Hölle, er fürchtete nicht seine Mitmenschen und liebte sie auch nicht«, so beschreibt Mario Puzo ihn – Luca Brasi.

Osama bin Laden war jedenfalls weder für die USA noch für die anderen westlichen Staaten eine unsympathische Figur. Er jagte die sowjetischen Soldaten in Afghanistan, deren Tötungsfantasien sonst in Peter MacDonalds *Rambo III* inszeniert wurden. Der Tötungsakt sagt also genauso viel über das Opfer wie auch über den Täter aus. Erst aus der Symbiose von beidem lässt sich von Sinn überhaupt sprechen. Obwohl die Tötung von Osama bin Laden als Erfolg gefeiert wurde, bedeutete sie niemals das Ende von al-Qaida. Osama bin Laden wurde längst zu einem Symbol. Er trat selbst nicht als eine reale historische Figur auf; als Projektionsfläche gegen den gesamten Westen avancierte er zu einem realen Symbol, zu einem bewegten Bild, zur Ikone der antiamerikanischen Stimme. Osama bin Laden ist nicht realer als Moe Greene. Nicht einmal seine Tötung hat einen phänomenalen Vorrang gegenüber dem Fürsten von Las Vegas Moe Greene. Der Sinn der Tötung besteht bei Moe Greene und Osama bin Laden nicht im eliminierten Subjekt. Den Ausgangspunkt bildet das Symbolische. Osama bin Laden war kein wahres Subjekt, kein Einzelner. Es ist vielmehr ein Subjektivitätseffekt. Oder genauer: Die Realität wird durch die Kategorien des Virtuellen generiert. Die Tötung von Moe Greene simulierte nicht die Realität, sondern die Realität wird, wie es Gilles Deleuze sagen würde, von den Texturen des Virtuellen kreiert. Die Tötung eines Phantoms wie Osama bin Laden hat keine festgelegte Bedeutung, sondern was sie wirklich ist, ist in diesem Sinne immer erneut zu verhandeln. Darin liegt seine Entsubjektivierung. Allein am Symbol ist der Sinn zu entnehmen. Die Tötung hat also eine Botschaft, sie weist über sich hinaus. Seine Tötung ist wichtiger als er selbst. Dadurch wird Osama bin Laden nicht einfach getötet; vielmehr erscheint er nicht mehr als eine Ganzheit, nicht mehr als situiert. Er wird endgültig zum Symbol, ja zum Trauma. Seine Bedeutung wird initiiert. Die Mafia lehrt, dass es nicht unmöglich ist, den Boss einer Familie zu töten, problematisch ist allerdings die Neuordnung der Familie, die man dadurch hervorruft. Das Schwarz-Weiß-Programm von al-Qaida ist so wenig islamisch wie intellektuell nachvollziehbar; dennoch lässt es sich nicht vom

Islam und zugleich der Moderne emanzipiert begreifen. Dabei scheint die operative Entfernung einer konkreten Zelle, auch wenn es sich sogar um Osama bin Laden selbst handelt, im Ganzen nicht wirksam zu sein. Ich bin an meine Kindheit in Kabul erinnert, an den Kraken, der nicht nur Kabul und Afghanistan, sondern nun jeden Ort umklammert und umschlossen hat. Die Falle, die Osama bin Laden uns stellte, war er selbst, sein Leben, insofern er zum Symbol avancierte. Die Weise, wie wir mit ihm fertig werden, wie wir ihn verschmerzen, erzählt mehr über uns als über seine Person.

Osama bin Laden hat kein Grab. Sein Leichnam wurde auf einen 300 Meter langen Flugzeugträger gebracht, auf die *USS Carl Vinson*. Er soll eine Zeremonie auf dem Landedeck des Schiffs erhalten haben, »im Einklang mit den muslimischen Praktiken und Traditionen«. Nach der Waschung und Verlesung religiöser Texte sei sein Körper in ein weißes Laken gewickelt und in einen beschwerten Sack gesteckt worden. Daraufhin habe man den Körper auf ein flaches Brett gelegt. Dieses Brett wurde dann ins Wasser gekippt, sodass Osama bin Laden ins Meer glitt: Seebestattung. Damit wurde die islamische Tradition um eine neue Form der Bestattung bereichert, die sie bis dahin nicht kannte. Die Seebestattung sah die Tradition lediglich als eine Notlösung vor, wenn der Tod tatsächlich auf hoher See eingetreten war. Dass jemand auf dem Land seinen Tod fand und dann auf See bestattet wurde, war bis dahin der islamischen Tradition fremd. Das Arabische Meer wurde also um eine »Meeresfrucht« bereichert. Osama bin Laden schläft bei den Fischen.

Elegant wäre es doch, wenn al-Qaida eine *alte sizilianische Botschaft* bekäme, ohne große Worte, einfach einige Fische eingerollt in Zeitungspapier samt weißem Turban, dazu noch die Visitenkarte des Präsidenten, auf deren Rückseite die Worte stehen: »Gruß aus dem Weißen Haus, O.« Von dieser alten sizilianischen Botschaft ist Luca Brasi betroffen. Sonny und Michael Corleone sitzen mit Clemenza, Tessio und Tom Hagen gemütlich beisammen, als das Päckchen eintrifft. Sonny Corleone erhält eine in Zeitungspapier eingewickelte kugelsichere Weste von Luca Brasi, worin sich zwei tote Fische befinden. »Was zum Teufel soll dieser Fisch?«, fragte er verständnislos. Clemenza klärt ihn auf: »Das ist eine alte sizilianische Botschaft. Das bedeutet: Luca Brasi schläft bei den Fischen.« Auch Osama bin Laden erfuhr das, was er selbst forderte: Vergeltung. Vergeltung riecht nämlich nach Gerechtigkeit. Aber ist die Gerechtigkeit ein Fisch, den man dem Geruch nach identifiziert? Die Besonderheit der sizilianischen Botschaft wird in der Filmtrilogie *Der Pate* implizit vorausgesetzt und in der Serie *Die Sopranos* erläutert. Christopher Moltisanti versucht, mit Big Pussy Bonpensiero eine Leiche zu beseitigen, und vergleicht dabei die Situation mit der von Luca Brasi, indem er sagt: »Louis Brazi schläft bei den Fischen.« Gereizt korrigiert ihn Big Pussy Bonpensiero, dass er »Luca Brasi, Luca!« heißt, und weist entschieden darauf hin, dass es einen klaren Unterschied zwischen der »Luca-Brasi-Situation« und dieser hier gebe. Die Pointe der Geschichte liegt darin, dass Big Pussy selbst auf hoher See erschossen und seine Leiche mit Steinen beschwert ins Wasser befördert wird.

Der Unterschied besteht in der sizilianischen Botschaft: Luca Brasis Tod fordert keine Vergeltung. Darauf wird bereits im Roman *Der Pate* von Mario Puzo hingewiesen, dass das große Talent Luca Brasis als »einem der gefürchtetsten Männer der Unterwelt« darin bestehe, »einen Mordauftrag ganz allein, ohne Komplizen, auszuführen und dadurch Entdeckung und Verurteilung durch das Gesetz automatisch auszuschließen«. Luca Brasi schläft bei den Fischen, sodass seine Ermordung keine Vergeltungsanschläge nach sich zieht. Es ist so, als hätte es ihn nie gegeben. Die hastige Seebestattung von Osama bin Laden wird sehr wahrscheinlich aus der Angst erfolgt sein, ihn verschwinden zu lassen. Für Sollozzo, den Mörder von Luca Brasi, steht fest: »Ich will nicht, dass er gefunden wird.« Dass Luca Brasi ein derartiges Ende findet, überrascht nicht sonderlich. Für Vito Corleone gehörte Luca Brasi zu den Menschen auf dieser Welt, »die herumlaufen und verlangen, dass man sie tötet. (…) Diese Menschen gehen durch die Welt und rufen allen zu: ›Tötet mich! Tötet mich!‹ Und immer ist jemand zur Hand, der ihnen diesen Gefallen erweist. (…) Und so ein Mensch war auch Luca Brasi.« Er sei aber deshalb »außergewöhnlich, weil ihn sehr lange Zeit niemand umzubringen vermochte«. Was ihn auszeichnete, war, »dass er den Tod nicht fürchtet, dass er ihn im Gegenteil sogar sucht«, wie Don Vito seinem Sohn Michael erläutert. »Es war dies eine der wertvollsten Lektionen, die ihm der Don vor seinem Tod gegeben hatte«, ist bei Mario Puzo zu lesen. Hätte man dann tatsächlich für die Hinrichtung von Luca Brasi ein Schiedsgericht benötigt? Gewiss nicht, hat er sich doch selbst den

Tod auf die Stirn geschrieben. Ihm wurde vor seiner Tötung eine Zigarette angezündet, seine Hand zärtlich berührt, dann mit einem Messerstich an die Theke genagelt, um ihm von hinten mit einer Schnur um seinen Hals den Atem zu rauben. Der letzte Blick von Luca Brasi wirft aber viele Fragen auf. Fragen, die uns einholen, wenn wir uns Osama bin Ladens Seebestattung vergegenwärtigen. Im Augenblick des Todes sind Luca Brasis Augen weit offen, verzweifelt und zugleich fragend, der Mund ist weit geöffnet, als würde er darüber staunen, dass sein Ende gekommen ist. Und »dieser Ausdruck des Staunens war der letzte menschliche Zug an ihm«, schrieb Mario Puzo. Irgendwie enttäuschend. Gerade von Luca Brasi hätte man das nicht erwartet. Er ist zwar nicht wie Tamim al-Adnani, ein Freund und Verbündeter Osama bin Ladens, an einem Herzinfarkt in *Disney World* gestorben. Immerhin aber war Luca Brasi Mitglied einer Gemeinschaft, die nicht durch den Tod überrascht sein dürfte, bekanntlich war das Töten seine Profession. Was bedeuten für uns also der Tod und die Bestattung von Osama bin Laden? Im Unterschied zu den naiv Jubelnden und plötzlich Nachdenklichen, die sich fragen, ob sie sich über den Tod eines derartigen Menschen freuen dürfen, dürfte ersichtlich sein, dass der gefürchtetste Mann der Unterwelt, »der Mann, der sogar dem Teufel Angst eingejagt hätte«, wie Mario Puzo Luca Brasi beschreibt, uns gleichsam vor dem *Kafka'schen Gesetz* abhandengekommen ist – nicht mehr und nicht weniger. *Vor dem Gesetz*, »von Saal zu Saal« lässt Kafka Türhüter stehen, »einer mächtiger als der andere«. Der Eintritt in das Gesetz ist Osama bin Laden nicht gewährt. Osama bin Laden schläft bei den Fischen heißt, dass er selbst zum Fisch geworden ist, zum Haifisch. Bertolt Brecht fragte 1948 nahezu prophetisch, wie es wäre, »wenn Menschen Haifische wären«? Sie würden in »ganz verschiedenen Sprachen« schweigen, untereinander Kriege führen, ja sie hätten Kultur. »Auch eine Religion gäbe es da, wenn die Haifische Menschen wären. (…) Die ein wenig größeren dürften sogar die kleineren auffressen.« Zum Fisch geworden ist auch Big Pussy Bonpensiero, der Tony Soprano im Traum erscheint, um ihm zu verraten, dass er mit dem FBI zusammenarbeitet. Kurz danach wird auch er bei den Fischen schlafen. »Was zum Teufel soll aber dieser Fisch?«, fragte Sonny Corleone. Wogegen kämpfen wir, wenn wir noch nicht einmal unserem Feind ins Gesicht blicken dürfen? Es ist ein wenig so, als hätten wir endlich bewiesen, dass Gott tot sei, und selbst dann ihm »jeden Tag den Hintern küssen«, wie Tony Soprano es einmal treffend gesagt hat.

Ist dies die Antwort der Vernunft, die aus dem Geist der Aufklärung herrührt? Für Hegel zumindest wäre es ein »ganzes Nest gedankenloser Widersprüche«. Womit können wir denn, die wir uns als zivilisiert verstehen, dem Bösen entgegentreten? Nicht ob das Böse banal sei, ist hier die Frage; vielmehr, ob wir uns nicht fremd geworden sind. Nicht das Böse von hinten erschleichen – wie bei Luca Brasi – und es mundtot machen, sondern ihm zur Sprache verhelfen, ihm den Prozess machen. Ein Prozess, in dem wir nicht mit unserer monotonen und selbstverherrlichenden Rede uns und die Anderen langweilen, sondern den Sieg über das Abscheuliche, das sicher Osama bin Laden repräsentiert hat, via Argument erringen, von Angesicht zu Angesicht. Oder macht uns das Böse taub und blind, dieses »höchste Wesen der Bösartigkeit«, wie Marquis de Sade den »grausamen Gott« in seinem Roman *Juliette* nennt? Die berühmte Diagnose von Hannah Arendt ist nämlich nicht vor oder nach dem Eichmann-Prozess entstanden, sondern Arendt entdeckt die *Banalität des Bösen* gerade inmitten dieses Prozesses. An Osama bin Ladens Prozess teilzunehmen wäre gerade unsere Verpflichtung, um unsere eigene Zeit zu begreifen. Was ist der politische Gehalt von Osama bin Laden, seiner Tötung, seiner Bestattung? Dabei wäre die Erfindung einer »islamischen« Seebestattung mit Humor aufzunehmen, wenn sie nicht so traurig wäre. Warum sollen wir eine Figur, die wir selbst geboren haben, ein Gewächs unserer Zeit, das nicht das Böse ist, sondern unser Böses repräsentiert, dem Poseidon übergeben? Das Vermögen, zwischen Gut und Böse unterscheiden zu können, ist zunächst kindisch, wenn es zu einem wiederkäuenden Instrumentarium geworden ist. Es kommt also darauf an, »das Böse« zu begreifen. Der 11. September, wenn auch der Geburtstag von Theodor W. Adorno, ist und bleibt unser Trauma; uneinholbar und nahezu unvordenklich.

Osama bin Laden ist einer von uns. Er gehört zu einer Welt, die ihn kreiert hat. Nicht diese Religion oder jene Weltanschauung und auch nicht diese Weltpolitik und jene Ökonomie haben ihn hervorgebracht, tragen die Schuld für sein *breaking bad*; sondern alle gemeinsam, das Anonyme. Von dem Anonymen kann sich aber jeder reinwaschen, indem er den Terroristen als Inbegriff des Bösen von sich weist; keiner trägt die Schuld, weder die islamische Tradition noch die amerikanische Außenpolitik, aber auch nicht das Elend in Palästina, im Sudan oder in Afghanistan. Eigentümlich ist das Anonyme aber deshalb, weil es bereits überall ist, denn das Anonyme ist zugleich auch das Allgemeine. Wer ist nicht mit ihm verstrickt? Es scheint insgeheim allem nachgeschlichen zu sein – krebsartig; die globale Vernetzung geschieht nicht außerhalb von al-Qaida. Auch die simplen Ideen von Osama bin Laden sind überall und von jedem konsumierbar.

Je mehr Osama bin Laden aus den Kategorien der (auch amerikanisch geprägten) Moderne verdrängt wird, indem man ihn mit derselben ideologischen Geste kritisiert und ablehnt, die er selbst verwendet, ja ihn fernhalten will, umso mehr nähert er sich uns. Die Dichotomie von Gut und Böse basiert eben auf der aristotelischen Verstandeslogik, einer Rationalität, die bipolar funktioniert und deren zersetzende Natur nunmehr offenbar wird. Die Aufrechterhaltung einer unendlichen Distanz zu Osama bin Laden und zur Ideologie von al-Qaida, das Verlangen ihrer Vernichtung wiederholt die grundlegende Ideologie, dass sich die eigene Erlösung dadurch realisiere, wenn das Andere vernichtet ist. Durch das Insistieren auf der völligen Fremdheit von Osama bin Laden als Inbegriff des Bösen, das in unserem Vokabular nicht mehr auftauchen dürfe, behält er uns fest im Griff. Diese völlige Abgrenzung zum Feind, die zugleich die Voraussetzung jeglicher Sicherheitspolitik darstellt, sieht Osama bin Laden als einen Gegensatz unserer Wirklichkeit. Und genau in dieser Erwartung, dass es für uns Frieden allein dann gebe, wenn der Terror restlos vernichtet ist, liegt das Problem. Eine solche Erwartung, die zunächst plausibel zu sein scheint, übernimmt und wiederholt den tief greifenden Habitus von al-Qaida, die strukturell dieselbe Einsicht entschieden und rigoros vertritt. Die »aufgeklärte Welt« kann sich selbst unkritisch glorifizieren, aber sie dürfte auch erschüttert sein, wenn sie sich in der Logik des Terrorismus wiedererkennt. Wenn Heil und Unheil nicht eindeutig voneinander geschieden sind, sondern aneinandergekettet, dann müsste bei jeder Vernichtung auch ein Stück von einem selbst mit in den Tod gehen. Auch diesen Preis hat Michael Corleone bezahlt, indem er seinen Bruder ermorden ließ und seine Seele an dieser Tat zugrunde richtete. Wenn die Aufklärung nicht totalitär auftritt, um nicht ihre eigenen Kinder zu fressen, dann liegt der Fokus auf dem eigenen Horizont; dann dürfte es auch nicht überraschend sein, wenn die Korrektur des Anderen an einem selbst stattfindet.

Die größte Falle, die uns Osama bin Laden dabei stellte, war er selbst – und wir scheiterten an ihm.

12. Bücher stiften Frieden

»Ich will nicht mich, ich will Kinder.«
Friedrich Nietzsche

Mein Söhnchen hat große Angst vor Autos. Immer dann, wenn ein Auto an ihm vorbeifährt, bleibt er stehen oder rennt weg. Um ihm diese Augst zu nehmen, versicherte ich ihm, er brauche doch keine Angst zu haben, wenn ich bei ihm bin. »Ich bin dein Vater, ich beschütze dich.« Er schaute mich an und fragte: »Und was ist, wenn du nicht da bist?« Irgendwie fühlte ich mich ertappt und erwiderte: »Gott ist immer bei dir, er beschützt dich.« »Wo ist Gott?«, fragte er weiter. Ich kniete mich zu ihm herunter, legte meine Hand auf seine Brust und sagte: »Gott ist in deinem Herzen.« Er lächelte und fragte weiter: »Ist Gott auch in deinem Herzen und im Herzen von Mama …?« Ich nickte ihm zu und war überrascht, wie er die Omnipräsenz Gottes plötzlich in einem Augenblick fühlte.

Die Moschee kann ein Ort des Friedens sein. Bevor Muslime die Moschee betreten, reinigen sie ihren Körper; das kalte Wasser spürte ich noch an meiner Haut, als ich meine Schuhe vor dem Eingang der Moscheetür auszog. Den Boden mit den nackten Füßen zu berühren erinnerte mich an meine Kindheit und an jene friedlichen Augenblicke in Kabul, die inmitten des Krieges alles Weltliche vergessen ließen. Im Monat Ramadan versammeln sich Muslime besonders gerne in der Moschee. Ich ging einige Schritte nach vorne und stellte mich zwischen zwei andere. Betende bildeten Reihen, unsere Schultern berührten sich, während wir aufrecht standen; das Gebet wird von den koranischen Suren begleitet, die nach innen gerichtet sind; im selben Rhythmus verneigten wir uns, erhoben das Haupt und warfen uns nieder; meine Stirn ruhte für einen Augenblick am Boden, im nächsten Augenblick saßen wir, und erneut drückten wir die Stirn an den Boden wie eine Blume, die verwelkt und erneut erblüht. Mit dem Friedensgruß nach rechts und nach links beendeten wir das Gebet. Ich blieb eine Weile in der Moschee und lauschte mit den anderen Fastenden gespannt dem predigenden Imam; und ich bemerkte, dass sich auch viele Kinder in der Moschee befanden. Sie saßen im rechten Flügel des Raums beieinander. Der Imam sprach sehr laut, energisch und hochgestochen; ich war gelangweilt und schaute mich um; plötzlich fielen mir wieder die Kinder auf, die im Unterschied zu mir kein bisschen von der Langweile eingeholt schienen. Beim genaueren Hinsehen erkannte ich, dass sie mit Videospielen, Nintendo DS, beschäftigt waren. Ich fragte mich, ob der Imam überhaupt wusste, wer diese Kinder waren, in welcher Welt sie lebten, welche Sprache sie sprachen, dass es sie in diesem Raum gab. Sie waren mit ihren Eltern in der Moschee, damit sie etwas über ihre Religion lernten, die Spiritualität im Ramadan einfingen, aber der Imam drang nicht zu ihnen durch. Da waren sie. Der einzige Gott, der sie in seinen Bann zog, war auf dem Bildschirm vom Nintendo DS zu finden. Was empfinden diese Kinder in der Moschee, fragte ich mich. Was werden sie wohl am Montag erzählen, wenn sie von ihrem Erlebnis in der Moschee berichten sollten? Ist es nicht die Aufgabe der Redner, gerade für diese Kinder zu sprechen – in einer Sprache, die sie auch verstehen, anstatt mit geschwollenen Worten zu sagen, dass Stehlen nicht gut sei? Die Kinder sprachen deutsch, schienen ziemlich unbekümmert und ungestört von dem Lärm zu sein, der die Moschee erfüllte. Ihre Eltern waren eindeutig überfordert; sie erfüllten wohl ihre religiöse Pflicht, indem sie ihre Kinder in die Moschee brachten. Wie erfolgt aber die religiöse Erziehung bei den muslimischen Kindern in Deutschland? Diese Frage ließ mir keine Ruhe.

Ich fing an zu recherchieren: Ich besuchte Moscheen, die auch eine Büchernische besaßen, besuchte Buchhandlungen, Kindergärten, versuchte, in Bücherkatalogen und im Internet fündig zu werden. Was ich herausfand, war erschreckend. Wie immer auch das Religiöse vermittelt wurde, Bücher spielten dabei wohl kaum eine tragende Rolle, Bücher, die annähernd den hiesigen Ansprüchen genügen, wenn man eben von den lieblosen, ideologisch gefärbten Büchern und jenen, bei denen die Menschen ohne Gesicht abgebildet sind, absieht. In den Buchhandlungen gibt es zwar ein kleines Regal für das *religiöse Kinderbuch,* aber der Islam kommt dabei nicht vor. Als ich nach der Biografie einer islamischen Persönlichkeit fragte, zeigte mir die freundliche Buchhändlerin ein Buch über das Leben von Osama bin Laden. Hier wachsen also fast eine Million Kinder und Jugendliche aus muslimischen Familien quasi buchlos auf. Ihnen wird das religiöse Wissen zwangsläufig autoritär und unhinterfragt vermittelt. Nicht die Eltern sind dabei religiös verbohrt; im Gegenteil: Jede muslimische Familie möchte gerade im religiösen Bereich ihren Kindern eine verantwortungsvolle Bildung ermöglichen. Die religiöse Vermittlung beginnt aber nicht irgendwann in der Schule oder in der Moschee, sondern zuallererst innerhalb der Familie. Doch was halten die muslimischen Familien in der Hand? Die Eltern haben nichts, was sie ihren Kindern anbieten können, weil auch für die meisten ihre Religion mit ihrer Herkunftssprache verwoben ist; vor allem sind nur wenige von ihnen selbst religiös gebildet.

Als am Geburtstag (*maulud*) des Propheten Muhammad mein dreijähriger Sohn mich fragte, wer genau Muhammad sei, musste ich ihn für einen Augenblick stumm anschauen. Was hätte ich einem dreijährigen Kind sagen sollen? Etwa, dass er der Gesandte oder der Prophet Gottes sei? Mir ist nichts Besseres eingefallen, als ihm zu sagen, dass Muhammad der beste Freund von Gott sei. Und er hatte mich in der Hand und stellte daraufhin erst recht Fragen, die mich herausforderten. Aber genau das stellt das Recht des Kindes dar: zu fragen. Vor allem im Bereich der Religion und des Glaubens. Ich kann weder mich noch meinen dreijährigen Sohn in den Glauben versetzen. Wenn er mich anblickt, sieht er nicht meinen Glauben; aber er kann den Gläubigen sehen, der ich bin. In seiner Unverfügbarkeit ist der Glaube doch Vermittlung. Wer glaubt, ist ein Suchender. Ich bin durch meinen Glauben getragen, aber gerade weil ich glaube, möchte ich begreifen, leben.

Der Glaube scheint keine Momentaufnahme zu sein. Im Islam wird mit dem Glauben die Bindung des Menschen zu Gott ausgedrückt. Diese Bindung bedeutet aber Verantwortung in ethischer, sozialer und existenzieller Hinsicht. Von dieser Bindung möchte ich meinem Sohn erzählen können. Er soll ja nicht die Biografie eines Mannes aus dem siebten Jahrhundert auswendig lernen, der auf der Arabischen Halbinsel lebte. Was macht denn Muhammad spezifisch aus als einen, der die Muslime berührt? Wenn bloß sein Name erwähnt wird, pulsiert mein Herz so, als wäre der Name meiner Geliebten zu hören, die ich natürlich nicht habe. Der Prozess der Aufklärung nimmt in diesem Zusammenhang einen anderen Weg; es sind nämlich Kinder, die mit ihren Fragen ihre Eltern aufklären, weil sie mit ihren einfachen und wahrhaftigen Fragen ihre gläubige Mutter und ihren gläubigen Vater zur Erklärung nötigen. Die Selbstverständlichkeit des Religiösen wird dabei entschwinden müssen; doch diese Eltern können die Warum-Fragen ihrer Kinder nicht einfach beantworten, weil sie selbst keine Sprache, keine Kindersprache für diese Themen haben.

Im Unterschied zu Thilo Sarrazin sah ich die Kinder und Jugendlichen nicht als Problemfälle; vielmehr ärgerte mich, dass nicht gesehen wird, welcher Reichtum sie für unsere Gesellschaft hier sein können. Sie sind Wanderer zwischen den Welten, sie wachsen mit einer inneren Empfindsamkeit für zwei Kulturen auf. Sie sind Schätze. Aber der natürliche Zugang zu ihrer Religion, zu ihrer Muttersprache, zur Geschichte und Kultur ihrer Eltern wird ihnen nur bruchstückhaft vermittelt. Im Bereich der Religion sind sie nahezu sprachlos. In welcher Sprache sollen diese Kinder oder auch Jugendlichen über ihre Religion und religiösen Erfahrungen sprechen, sich mitteilen? Was wissen sie überhaupt vom Islam? Die Wette wäre es wert, dass sie genau sagen können, wer der jüngere Bruder von Fredo Corleone ist, aber nicht von Muhammad al-Ghazzali. Die Idee, Literatur zu schaffen, die es Kindern und Jugendlichen ermöglicht, ihre Religion, Bikulturalität und -lingualität grundlegend kennenzulernen, schien mir alternativlos. Während der Islam und seine Muslime in aller Munde waren, ob durch die Politiker oder »Berufsmuslime«, ob durch die selbsternannten Experten oder ebensolche Islam-Kritiker, blieben die Kinder vergessen. Sind nicht Menschenrechte auch Kinderrechte? Haben Kinder kein Recht auf Bücher, die von ihnen selbst handeln? Gerade muslimische Kinder und Jugendliche müssen immer wieder Stellung nehmen zu den Fragen über ihre Religion, die sie aber selbst nicht einmal verstehen, sie müssen sich im Alltag für ihre Religion rechtfertigen, denn auch sie sind mit Zerrbildern über *den* Islam und *die* Muslime konfrontiert.

Kinder, die nicht lesen dürfen, weil es keine Bücher für sie gibt, erinnerten mich an meine eigenen Kindes- und Jugendjahre, sie erinnerten mich an Kabul und seine Kinder, die lange kein Märchen mehr gelesen und kein Bilderbuch gesehen haben. Von diesen Kindern erzählte ich dem Freiburger Verleger und Buchhändler Andreas Hodeige bei einem Abendessen. Er sah mich für einen Augenblick an, ohne ein Wort zu sagen. Dann fragte er, ob es nicht in der Verantwortung der Mehrheitsgesellschaft selbst liege, endlich diese Kinder als ihre eigenen Kinder zu begreifen. Ich erzählte dem studierten Philosophen von meinem Traum, für muslimische Kinder und Jugendliche qualitativ hochwertige Bücher hervorzubringen, deren Protagonisten sie selbst seien. Sind Kinder nicht die Träger und die Zukunft unserer Gesellschaft – gerade weil sie eine komplexere Identität haben? Ich hatte dabei nichts Konkretes im Blick; mir ging es allein um meinen Traum. Aber ich ahnte nicht, dass in ihm jene unendliche Sehnsucht der Romantik innewohnt, von der ich zuletzt bei August Wilhelm Schlegel las; denn Hodeige begriff sich als Unternehmer im romantischen Sinne; er trachtete nicht nach dem Besitz, sondern nach dem Offenen, so wie Schlegel in seinen *Vorlesungen über dramatische Kunst und Literatur* das romantische Unterfangen im antithetischen Unterschied zum Klassischen beschrieb: »Die Poesie der Alten war die des Besitzes, die unsrige ist die der Sehnsucht.«

Bei unserer Verabschiedung bat Andreas Hodeige mich, ihn am folgenden Tag zu besuchen, er möchte mit mir etwas besprechen. Und am nächsten Tag machte er mir ein Angebot, das ich gar nicht ablehnen konnte: »Mein Freund, ich mache dir ein Angebot: Wir gründen einen Verlag für die muslimischen Kinder und Jugendlichen; du wirst der Verlagsleiter, und du wirst unterstützt durch die Rombach-Unternehmensgruppe, deren Gesellschafter ich bin. Du bestimmst die Inhalte, und ich stehe hinter dir. Was sagst du?« Fassungslos fragte ich ihn, warum er das machen wolle. Er entgegnete: »Ich bin Unternehmer. Also unternehme ich etwas gegen diese Ungerechtigkeit – mit dir!« Der Nachtrag war mir insofern bedeutend, als er damit sagen wollte, dass er es mit einem Idealisten, einem Träumer angehen will und nicht mit einem Geschäftsmann. Gerührt von diesem Augenblick gab ich ihm die Hand, und zwei Tage später saß ich in meinem neuen Büro. Plötzlich ging alles sehr schnell. Im April 2009 gründeten wir den ersten unabhängigen Verlag für Kinder und Jugendliche, der es sich zum Ziel gesetzt hat, das bunte Leben in Europa mit Literatur zu fördern – mit einem besonderen Augenmerk auf die Vergessenen und Minderheiten. Nicht nur Muslime sind eine Minderheit; jede Form der Andersartigkeit verdient, gewürdigt und besonders beachtet zu werden. Dazu gehören ebenso sehr auch Kinder mit unheilbaren Krankheiten oder Behinderungen. So schrieb die leidenschaftliche Kinderbuchautorin Nadia Doukali das erste Buch im neuen Verlag als ein einfühlsames und abenteuerreiches Märchen über krebskranke Kinder.

Zu diesem bunten Leben in Europa gehören auch die muslimischen Kinder; ihre Zugehörigkeit, ihre Antizipation in der Mehrheitsgesellschaft können wir aber nicht von ihnen erwarten. Auf Kinder geht man zu. Bücher, die sonst nur eine kleine Nische bei den großen Kinderbuch-Verlagen bilden, sollten das Programm bei uns gestalten. Aus der tiefen Einsicht heraus, dass Bücher Frieden stiften können, sollte mein Traum den programmatischen Titel *Salam* (Friede) tragen. Der Verlag sollte eine geistige und kreative Plattform schaffen, auf der die Kinder lesend ihre Religion, Kulturen und Sprachen selbst entdecken. Die Bücher sollten in deutscher Sprache erscheinen, die freie und ästhetische Erziehung der Kinder fördern. Ich sprach mit Politikern, islamischen Verbandsfunktionären, Stiftungen, Kindergärten und Kinderbuchhandlungen. Alle diese Organisationen begrüßten die Idee und das Vorhaben, versprachen Unterstützung und Förderung. Eine Kindergärtnerin versicherte mir, dass sie sich sehr unwohl fühle, wenn sie vor einer heterogenen Gruppe große Bilderbücher vorführe, mit dessen Helden sich die Migrantenkinder nicht identifizieren können. »In diesen Büchern kommen solche Kinder einfach gar nicht vor.« Ihre Fremdheit werde ihnen indirekt von Kindesalter an vermittelt. Ich fühlte mich bestärkt, gegen diese subtile Verfremdung zu arbeiten. Ja, das Kind in mir schrie auf, weil es Bücher lesen wollte. Ich wollte Literatur für meine eigene Vergangenheit.

Innerhalb eines Jahres sind mehrere Bücher entstanden. Auf der Frankfurter Buchmesse wurde die Idee dieser Plattform, die Bücher herausgibt für Kinder, die in Deutschland leben und ohne Buch aufwachsen, multimedial positiv aufgenommen. Wie kann auch die Offenheit für die Zukunft gelingen ohne das Verständnis der eigenen Wurzeln? Doch die Bücher erfüllen nicht dadurch ihren Sinn, dass sich Funktionäre und Politiker dieselben schenken lassen. Das große Interesse der Presse bleibt sogar bedeutungslos. Die entscheidende Frage ist: Wie erreiche ich die Kinder und Familien, für die diese Bücher gemacht sind? Buchhandlungen sind zwar verhaltenskonservativ, aber sie überzeugten mich, dass bildungsferne Migrantenfamilien sehr selten den Weg zur deutschen Buchhandlung finden. Wenn das stimmt, dann dürften dieselben Familien auch nicht den *Spiegel* und die *FAZ* lesen. Ich habe also versucht, jede mir mögliche Form der Kommunikation zu nutzen, um diese Eltern zu erreichen; ich ging von Dönerbude zu Dönerbude, von Moschee zu Moschee, von Buchhandlung zu Buchhandlung.

Doch die Versprechungen der Politik und der islamischen Verbände sind bis heute Versprechungen geblieben. Wenn Bücher Frieden stiften können, wovon ich als Muslim mit meinem Koran als einem Buch des Friedens überzeugt bin, dann darf die Hoffnung prinzipiell gelten, dass eines Tages die Buchmesse auch ein Ort sein wird, an dem der Frieden gefeiert werden kann. Die strukturelle Parallele von Krieg und Frieden in der Neuzeit benannte nach Francis Bacon und anderen in aller Entschiedenheit Hegel in seiner *Vorlesung über die Philosophie der Geschichte*, indem er vom »Schießpulver« und von der »Buchdruckkunst« als Charakteristika der Moderne sprach. Die Erfindung des Teufels und zugleich das Mittel, wodurch Menschen »auf eine ideelle Weise miteinander in Zusammenhang stehen« können, zeichnen, so Hegel, die moderne Zeit aus.

Ich glaube an Bücher, denn Bücher, die Frieden stiften, handeln von Kindern, die in Worte und Bilder verwickelt werden und neue Welten entdecken, die Grenzen überwinden. Die Grenze zum Frieden scheint aber unüberwindbar zu sein, ein unüberwindbarer Ort der Sehnsüchte und Ängste.

Mein Sohn pflegt abends in meinen Armen zu schlafen; ich halte ihn hoch, er legt seinen Kopf auf meine Schulter und ich rezitiere für ihn die Sure 91 des Koran:

Die Sonne. Er möchte nicht, dass ich aufhöre, so wiederholen wir die Sure so oft, bis ich seinen tiefen Atem an meiner Schulter spüre. Er geht mit dem Bild in den Schlaf, dass die Sonne im Glanze schreite und der Mond sie begleite ... Er hat den Frieden im Herzen.

13. Was Sie immer schon über den Islam wissen wollten und Hegel nicht zu fragen wagten

»Ein merkwürdiges Schauspiel, das die heutige Rederei über Hegel bietet: sei es, daß man ihn positiv nimmt als Erneuerung des Hegelianismus (›Hegel-Renaissance‹) und dabei natürlich auch etwas kritisiert; sei es, daß man an ihm herumkorrigiert, verbessert oder Unbrauchbares ausmerzt wie am alten Rock, den man der Pietät halber nicht zu den Lumpen zu werfen wagt. Die Bodenlosigkeit der heutigen Philosophie ist nirgends so faßbar als in dem breiten Geschwätz über Hegel, das täglich lauter wird.«
Martin Heidegger

Bereits während meiner letzten Schuljahre zog mich der deutsche Philosoph Martin Heidegger in seinen Bann; allein die Sprache seines Hauptwerkes *Sein und Zeit* empfand ich als ergreifend; gerade für mich, der im Begriff war, ein Gespür für die deutsche Sprache zu entwickeln, war Heidegger vortrefflich; ich begann, die Sprache zu übernehmen, ich »heideggerte« in der Schule und im Freundeskreis; und da sich Heidegger zuweilen derart falsch anhört, war es nur konsequent, dass wir Kanaken uns allmählich in der Sprache von *Sein und Zeit* unterhielten. Wir mussten nicht mehr zwischen *der* Frau, *dem* Mädchen und *dem* Mann unterscheiden, wir waren »Dasein«,

Alter. »Noch so einen falschen Spruch, und ich beschleunige dir das ›Sein zum Tode‹, du ›Man‹!« Und ich nervte meine Lehrer so sehr mit meinem Vorwurf, sie würden in »Seinsvergessenheit« leben, dass ich meine mündliche Abiturprüfung über Heidegger ablegen durfte.

Nach dem Abitur begann das Philosophiestudium, und ich konnte es kaum erwarten, in Heideggers Wirkungsstätte zu studieren. Nach einem Jahr befand ich mich endlich in Freiburg, doch was mich dort erwartete, war eher eine Enttäuschung. Ich verfolgte Heideggers Spuren, fand aber kaum Fruchtbares vor; von außen bewunderte ich sein Büro, seinen Vorlesungssaal, seine Hütte im Schwarzwald. Doch sein einstiger Assistent, der in Freiburg immer noch berühmte Seminare über den Meister aus dem Schwarzwald anbot, war mir insofern suspekt, als diese Seminare eher einem Gottesdient glichen denn jener Philosophie, die ich von Heidegger gewohnt war. Ich begann, mich mit der politischen Seite seiner Person zu beschäftigen, seiner Verstrickung mit dem Nationalsozialismus, und immer mehr entfernte ich mich von ihm, entwickelte eine gespaltene Haltung, obgleich er mich nicht einfach losließ.

In derselben Zeit wurde ein vierstündiges Seminar über den deutschen Philosophen Friedrich Wilhelm Hegel (1771–1831) angeboten – freitags ab 14 Uhr. Nach dem Mittagsgebet besuchte ich das Seminar. Es scheint wahr zu sein, dass man sich seinen Lehrer nicht aussuchen kann, sondern er selbst einen findet. Der Dozent kam jedenfalls für dieses Seminar über die *Wissenschaft der Logik* extra aus Paris. Er trug einen Bart wie einst Karl Marx, hatte eine ungewöhnlich frische und intensive Art. Er redete nicht *über* Hegel und sein Werk; er ließ Hegel selbst sprechen. Und er schaffte es, dass wir gleich ins kalte Wasser sprangen. Bruno Haas stellte in seiner äußerst durchdringenden Art eine Frage, aber wartete nicht, bis sich jemand meldete; er führte direkt mit einem der Anwesenden einen Dialog, falls nötig, für eine halbe Stunde; alle anderen hörten einfach zu, schrieben mit. So lernte ich einen Hegel kennen, der in dieser Weise sonst nicht zu entdecken war. Nach drei Semestern lasen wir einige Zeilen von Hegel, wenige Zeilen, die doch eine unbeschreibliche Tiefe erreichten. Aber ich kann nicht behaupten, dass ich ihn verstanden hätte. Hegel ist eigentümlich; die Hegellektüre hat die Eigenart, dass man dabei nicht an Wissen dazugewinnt, im Gegenteil: Je intensiver ich mich mit ihm beschäftigte, umso mehr hatte ich den Eindruck, sogar an Wissen zu verlieren. Das machte mich verrückt. Und gerade diese »verkehrte Welt«, in die der Meister einen entführte, ließ mich nicht los. So avancierte Hegel zu meiner heimlichen Liebe; ich sprach nicht über ihn, aber er begleitete mich überall – vor allem dann, wenn ich Mafiafilme anschaute.

Nach meinem Studium entschied ich mich, über die interkulturelle Philosophie zu promovieren, Positionen der indischen, der islamischen und der christlichen Philosophie wollte ich miteinander vergleichen. Doch wie spannend das Thema auch war, Tag für Tag zog mich Hegel erneut in seinen Bann. Um es einmal so zu sagen: *Goodfellas* ist ein vorzüglicher Film über die Mafia; David Chase als Schöpfer der Mafiaserie *Die Sopranos* sagte sogar: »The Goodfellas is the Koran for me«, aber warum soll ich ihn anschauen, wenn ich die Möglichkeit habe, den *Paten* selbst anzusehen? Genau so ging es mir mit Hegel. Denn nach zwei Jahren musste ich mir eingestehen, dass irgendetwas mit meinem Vorhaben nicht stimmen konnte. Ich hatte keine einzige Zeile geschrieben, und die Literatur, die ich mir zusammengesucht hatte, war kaum berührt. Stattdessen traf ich mich regelmäßig mit einem Freund, und wir lasen Hegel. Daneben raubten mir einige Grundprobleme der islamischen Theologie den Schlaf; ich rang mit den klassischen Fragen, die das Forschen der islamischen Gelehrten seit Anbeginn der Offenbarung in Atem hielten; dieselben Fragen tauchten aber in einer merkwürdigen Art bei Hegel wieder auf.

Ich schrieb dann doch noch meine Dissertation, allerdings mit Hegel und Heidegger als Gegenstand, und all das in einer kurzen Zeit. Aber jenseits dieser philosophischen Arbeit über die zwei großen *Hs* der Geistesgeschichte scheint mir, dass sich Hegel und der Islam etwas zu sagen zu haben. Das dürfte manch einem zunächst kurios erscheinen, ist doch Hegels Denken untrennbar mit dem Christentum verbunden. Diese unbestreitbar vorhandene Verbundenheit erscheint mir aber nicht exklusiv. Man würde Hegel unterschätzen, reduzierte man den Meisterdenker allein auf das christliche Denken. Dieselbe Vereinnahmung ließe sich auch nicht bei Aristoteles geltend machen, der sowohl für das Christentum als auch für den geistigen Höhepunkt des Islam Früchte brachte. Die Blütezeit der systematischen Theologie (*Kalam*) und Philosophie im Islam ereignete sich im Großen und Ganzen im Mittelalter; die daraus resultierenden Fragen, Probleme und Denkansätze sind vor allem in ihren Grundlagen durch die griechische, antike und spätantike Tradition geprägt. Allen voran spielte dabei Aristoteles eine außerordentlich tragende Rolle. Selbst Gelehrte wie al-Ghazzali, die sich explizit von den islamischen Philosophen, also von al-Farabi und Ibn Sina (Avicenna), distanzierten, weil diese stark von Aristoteles beeinflusst seien und dabei im Widerspruch zum Offenbarungstext stünden, argumentieren mit der überlieferten *aristotelischen* Logik. Wie Michel Foucault in einem Vortrag über Hegel bemerkte, ließe sich über das Verhältnis von Aristoteles und dem islamischen Denken im Mittelalter sagen: Um Aristoteles wirklich zu entrinnen, musste man ermessen, wie weit ihnen Aristoteles insgeheim vielleicht nachgeschlichen war; und was in deren Denken gegen Aristoteles noch von Aristoteles stammte; man musste ermessen, inwieweit auch noch deren Anrennen gegen ihn seine List war, hinter der er ihnen auflauerte. Seine Schriften über die Physik, Metaphysik (*prima philosophia*), über die Seele (*de anima*), über die Ursachen (*de causis*) und vor allem seine analytischen Schriften über die Logik wurden früh übersetzt und intensiv von den Muslimen rezipiert. Überhaupt bestimmte Aristoteles die intellektuelle Auseinandersetzung der islamischen Gelehrsamkeit. Zu welcher Denkschule man auch gehörte, der überragende Einfluss des makedonischen Philosophen war unübersehbar. Die Einsicht, dass der *Satz vom ausgeschlossenen Widerspruch* als Grundsatz des Denkens, der bipolaren Logik gelte, war zwar bereits bei Platon zu entdecken, prägend aber wurde er von Aristoteles formuliert; sodass er zum Prinzip der ersten Denkepoche (Antike) avancierte und sich als Grundkategorie des Verstandes (*ʿaql*) ausnahmslos in der gleichen Intensität bei den muslimischen Gelehrten durchsetzte. Und so überrascht es kaum, dass kein anderer als Aristoteles als *der erste Lehrer* für das islamische Denken gewürdigt wurde. Diese Prägung bedeutete aber auch, dass die Konstellation und Komposition der theologischen und philosophischen Fragen und Probleme, aber auch Antworten und Lösungen im Islam formal und inhaltlich mit Aristoteles sehr scholastisch bestimmt waren. Ohne Wertung muss diese Tatsache festgehalten werden. Denn immerhin soll sie das Problem benennen, dass die Geistesgeschichte seit dem letzten großen islamischen Aristoteliker Ibn Ruschd (Averroes), den selbst Dante in seiner *Göttlichen Komödie* als den »Kommentator« würdigt, Wendungen, Fortschritte und nicht zuletzt epochale Veränderungen erfahren hat, dass wir heute nicht einfach so tun können, als würden wir uns intellektuell im Mittelalter befinden. Historisch lassen sich die Gedanken dieser Zeit sehr gut nacherzählen und nachvollziehen. Doch kann man sie auch heute denken, ohne dabei im Sinne einer antiquarischen Historizität den Islam als eine vergangene Idee zu verabschieden? Hier geht es nicht um die Geschichtsschreibung, um Tatsachensammlung und deren Weitergabe; es geht hier ums Denken. Die Herausforderungen an den Islam sind mannigfaltig; nicht nur der innere Drang der Gläubigen zu zeitgemäßem Denken meldet sich allmählich zu Wort, sondern auch die Öffentlichkeit fordert zum Gespräch.

Bekanntlich hat Papst Benedikt XVI. am 12. September 2006 in Regensburg eine Rede gehalten, die weite Kreise gezogen und etliche Reaktionen hervorgerufen hat, mit unterschiedlichen Akzentuierungen: Die einen klagten über ein falsches Kant-Zitat, die anderen vermissten eine Distanzierung von den diffamierenden Aussagen des byzantinischen Kaisers, wieder andere priesen hingegen die nämliche Rede als die Rede des Jahres. Jenseits aller Polemik und der merkwürdigen historischen Betrachtung des ehrwürdigen Professors lautet die Kernfrage der Rede: Was ist denn das Neue, das Muhammad gebracht hat? Dies könnten sich auch Muslime ernsthaft fragen, ohne dabei gleich apologetisch zu werden oder sich allein auf die großartigen Errungenschaften des Mittelalters zu berufen. Muslime in Europa und insbesondere in Deutschland leben in einer bewegten Zeit. Allmählich wird ihnen bewusst, dass es keinesfalls ausreicht, in die Binnenstruktur ihres Glaubens zu flüchten. Muslime haben sich zu vermitteln, sich zu öffnen, über ihren Glauben zu sprechen. Das »Neue«, woran Papst Benedikt in seiner Regensburger Rede erinnert, dürfte plausibel und unaufgeregt dargelegt werden können. Für den bescheidenen Anspruch, den der Islam hat, eben eine Weltreligion zu sein, wäre dies das Mindeste, das man erwarten kann.

Gezeigt werden kann nämlich, dass das »Neue«, das Muhammad – und allein Muhammad – gebracht hat, der Koran ist, nicht mehr, aber auch nicht weniger. Dass dabei weder von Muhammad selbst noch von seinem Leben im umfassenden Sinne abstrahiert werden kann, als wäre der Koran wie der »Engel Gibril« bei Salman Rushdie plötzlich vom Himmel gefallen, ließe sich mit Hegel plausibel zeigen. Mit Hegel lässt sich beispielsweise vortrefflich denken, warum der Koran historisch entstanden und zugleich ahistorisch sein muss. Wenn der Koran als Offenbarung Gottes verstanden werden will, dann muss ihm der Widerspruch innewohnen, geschichtlich zu sein, in die Geschichte hineinzufließen und im selben Atemzug die Geschichtlichkeit, d. h. jede Form der weltlichen Veränderung, zu überschreiten. In seinem Widerspruchscharakter ist der Koran für Hegel als pulsierendes Leben denkbar. Muslime wachsen mit dem Koran auf; sie sind umgeben von ihm, und er begleitet sie von der Stunde ihrer Geburt bis zu der ihres Todes.

Worin aber besteht das »Neue« am Koran? Lassen Muslime den Koran tatsächlich in ihr Herz eindringen? Ist es nicht mittlerweile allein die Oberfläche, die Hülle, woran sie sich festklammern? Tote Rituale, die ebenso gut programmierte Roboter vollziehen könnten, sagen nichts über den Glauben aus. Welche Früchte sind denn im Koran und in unserer Tradition zu entdecken, die das moderne Leben in einer freiheitlich-demokratischen Gesellschaft bereichern können? Überfüllte Moscheen unterscheiden sich kaum von den leeren Kirchen, wenn in jenen blind geglaubt wird und in diesen die religiöse Vermittlung nicht mehr gelingt. Wo ist denn die Authentizität des Religiösen noch bewahrt? Die »Diktatur des Relativismus«, wie das römisch-katholische Oberhaupt zu sagen pflegte, gewinnt immer mehr an Plausibilität, wenn eben das endgültige und letzte Maß aller Dinge sich verflüchtigt hat. Wo ist der Gegenwart Gottes noch zu begegnen? Etwa dort, wo

Salafisten in Deutschland mit Schaum vor dem Mund all jenen, die eine andere Weltanschauung vertreten, die ewige Hölle versprechen? Wie soll denn ein religiöses Selbstverständnis gelingen, das nicht von früher erzählt, sondern vom Hier und Jetzt? Welche Begeisterung und Beflügelung vermag der Glaube mir noch zu schenken, die ich nicht viel besser in einem Fußballstadion oder vor der Kinoleinwand erfahren kann?

Die Frage nach dem Neuen, das Muhammad gebracht habe, vom alten Papst im Mantel eines »schroffen« Zitats wiederholt, ist für das muslimische Bewusstsein von enormer Bedeutung. Bekanntlich merkte Benedikt kritisch an, der Gott im Islam scheine ein »Willkür-Gott« zu sein, der »absolut transzendent« und als solcher »an keine unserer Kategorien gebunden« sei – »und sei es die der Vernünftigkeit«. Denn »der Gott wird nicht göttlicher dadurch«, so Benedikt, »dass wir ihn in einen reinen und undurchschaubaren Voluntarismus entrücken, sondern der wahrhaft göttliche Gott ist der Gott, der sich als Logos gezeigt und als Logos liebend für uns gehandelt hat und handelt«. Ein starkes Argument, wenn man zudem bedenkt, dass Benedikt mit der Ansicht des byzantinischen Kaisers im Einklang steht, dass nämlich nicht vernunftgemäß zu handeln dem Wesen Gottes, also dem des christlichen Gottes, zuwider sei.

Vielleicht kann man mit ihm über seinen Begriff der »Vernunft« streiten, der nicht wirklich die Neuzeit erreicht hat. Aber sonst hat Benedikt fast vollkommen recht. Der Gott im Islam ist im emphatischen Sinne ein »Willkür-Gott«, der an keine unserer Kategorien gebunden ist. Allein, der Begriff »Willkür-Gott« könnte missverstanden werden; denn »Willkür« wäre ja auch eine Kategorie, die wir als »unsere« bezeichnen dürfen – spätestens nach der Lektüre der ersten Seiten der *Kritik der praktischen Vernunft* von Immanuel Kant. Doch Kant dürfte nicht zu den Lieblingsautoren Ratzingers gehören. Adäquat wäre es vielmehr, wenn man diesen Gott als Gott der Freiheit begreifen würde. In seiner Handlung ist Gott frei, frei auch von unseren Kategorien. Er ist kein endlicher, kein bedingter Gott, sondern ein unbedingter, wie ihn al-Ghazzali mehrfach beschreibt, und ein Gott *für* die Endlichkeit, die er aus seiner Freiheit heraus hervorgebracht hat, und zwar mit dem zarten Wort: »Sei! Und da ist es« *(Koran 6:73)*. Ein Gott der Freiheit zu sein heißt vor allem, dass er die Menschen aus dem Wesen seiner Freiheit heraus als freie Wesen entlässt, aus der Hand gibt. Kurz, er erschafft die Welt und die Menschen als Ausdruck seiner Freiheit und Barmherzigkeit.

Manch ein Diktator mag nun enttäuscht sein, aber er ähnelt nicht dem Gott, den er sich selbst entworfen hat. Er ist nicht nur derjenige, der das Leben und den Tod schenkt, sondern göttlich ist er, weil er sich in seiner Erhabenheit zu uns hinwendet, uns tröstet, Hoffnung spendet und uns heilt. Der Gott, der den Koran offenbart, ist kein selbstgefälliger, gewaltiger und eitler Herr, der tut, was er will, und dem Menschen von oben herab diktiert abseits jeglicher Liebe und Vernunft. Er ist zwar nicht gebunden an unsere Kategorien, aber das heißt nicht, dass er unsere Kategorien verachtet und verkennt. Spätestens seit dem 11. September vergeht kein Tag, an dem nicht Islam und seine Muslime Gegenstand einer Debatte wären. Heute werden sie als ein Teil Deutschlands anerkannt, morgen wieder ins Abseits gestellt; Islamkonferenzen und andere Versammlungen mit dem Ziel der Sicherheit des Landes tragen dazu bei. So gewinnt man nicht selten den Eindruck, der Islam sei eine fremdartige Religion, und die Gemeinschaft der Muslime bestehe mehrheitlich aus einer wilden religiösen Masse, die dringend aufgeklärt gehöre. Der Islam ist jedoch keine absolute Religion und schon gar keine politische Bewegung, er ist kein Verein oder Verband. Vielmehr ist die Identität dieser Offenbarungsreligion äußerst dynamisch zu verstehen. Es gibt nicht *den* Islam. Und es gibt nicht *die* Autorität. Es wäre jedoch ein Missverständnis, wenn hieraus die Idee entstünde, der Islam sei eine unbestimmte Kuschelgruppe; selbstverständlich ist der Islam eine Religion mit einer bestimmten Botschaft und einer klaren Ethik für das Leben. Doch Klarheit und Bestimmtheit bedeuten nicht Starre. Der Islam muss sich stets neu erfinden. Sich neu erfinden bedeutet vor allem, dass wir uns darauf besinnen, dass der Islam selbst das Potenzial und die Notwendigkeit besitzt, zu erneuern; er ist kein passives Objekt, das darauf wartet, erweckt zu werden. Der Islam ist aber auch kein Subjekt. Wir Muslime selbst entscheiden letztlich, was Islam bedeuten kann. Dies geschieht nicht durch Theorien und warme Reden, sondern allein durch unsere Tat. In diesem fortwährenden Prozess der Veränderung und Selbstentdeckung, der Erneuerung und der Würdigung der Tradition ist der Islam lebendig. Nicht alles, was vergangen ist, gilt es zu überwinden und zu erneuern. Was heißt aber moderne und zeitgemäße Religiosität? Das heißt vor allem, die Herausforderung anzunehmen, aus einem islamischen Denken heraus zu handeln, das die Fähigkeit besitzt, inmitten einer pluralen und demokratischen Gesellschaft Verantwortung für den eigenen Glauben übernehmen zu können. Mit der Rede von der *Verantwortung für den eigenen Glauben* wird nicht ausschließlich die ethische Verantwortung suggeriert; Verantwortung für den eigenen Glauben heißt, in Verantwortung vor dem Herrn aller Welten, vor seinem Nächsten und sich selbst zu glauben; das Geglaubte verständlich und mitteilbar zu machen, das Traditionelle zu verstehen und nicht in leeres Nachahmen zu flüchten.

Bei Karl Marx ist in seinen Thesen über Feuerbach der viel zitierte Satz zu lesen: »Die Philosophen haben die Welt nur verschieden interpretiert; es kommt aber darauf an, sie zu verändern.« Dazu bemerkte Martin Heidegger in einem Interview: »Bei der Zitation dieses Satzes und bei der Befolgung dieses Satzes übersieht man, dass eine Weltveränderung eine Änderung der Weltvorstellung voraussetzt. Und dass eine Weltvorstellung nur zu gewinnen ist dadurch, dass man die Welt zureichend interpretiert. D. h. Marx«, so Heidegger weiter, »fußt auf einer ganz bestimmten Weltinterpretation, um seine Veränderung zu fordern. Und dadurch erweist sich dieser Satz als nicht fundiert. Er erweckt den Eindruck, als sei entschieden gegen die Philosophie gesprochen, während im zweiten Teil des Satzes – gerade unausgesprochen – die Forderung aller Philosophie vorausgesetzt wird.« Krampfhaft erneuern zu wollen und zu reformieren, ohne dabei das ABC der eigenen Tradition begriffen zu haben, ist ebenso sehr zum Scheitern verurteilt wie die blinde Konservierung des Alten, weil alles doch ach so überaus vorzüglich gewesen war. Der Weg des monumentalen, antiquarischen Historizismus und des unbändigen Modernismus, zuweilen auch unter dem Mantel der »Liberalität«, verkennt in beiden Ausformungen, dass auch wir als Subjekte des Glaubens mitgedacht sind. Wir sprechen niemals über die religiösen Angelegenheiten, als wären sie Gegenstände eines Anderen; es geht immer auch um uns, wir sind gleichsam ein mitlaufendes Programm; jedoch sind wir keine konstanten Fixsterne. Die Veränderung und Erneuerung des Ganzen ist zugleich auf unsere eigene, nahezu unverschuldete Veränderung und Erneuerung zurückzuführen. Es gibt nicht die rasend sich verändernde Welt und daneben den in sich ruhenden Islam. Würden wir versuchen, uns selbst aus diesem Prozess zu isolieren, würden wir alles verlieren; denn der Islam ist kein Dokumentarfilm, den wir uns anschauen; Muslim ist nämlich derjenige, der sich den Glauben angeeignet hat, auf dass der bloße Glaube mein Glaube geworden ist. Hegel sagte in einer Vorlesung über die Religion: »Ich mache mir im Glauben das zu eigen, was so an mich kommt, und es hört so auf, ein anderes für mich zu sein.« Entweder wir verleugnen uns selbst, dann betrachten wir die religiösen Gegenstände und vergessen, dass wir dabei mitgehen, oder wir sind derart bei uns, dass wir durch die Verliebtheit und Vernarrtheit in die gern gesehenen ewigen Wahrheiten verblendet sind. In der Mitte vollzieht sich so etwas wie ein zurechnungsfähiger Mensch, ein gläubiger, authentischer Mensch, der sich selbst als ein konstitutives Moment des Religiösen begreift. Das Neue, wonach der Papst bei dem Propheten verzweifelt suchte, ereignet sich in jedem Augenblick des Glaubens hier und jetzt.

Es gab in der genuin islamischen Geschichte des Denkens beachtliche Versuche, Übergänge und Veränderungen zu vollziehen oder zumindest Grundstrukturen der eigenen Geschichte zu erkennen: Zum Beispiel ging der marokkanische Gelehrte Muhammad al-Jabri in seiner Schrift *Kritik der arabischen Vernunft* von einem »epistemologischen Bruch« zwischen dem Westen und Osten der islamischen Welt aus; aber von einem Paradigmenwechsel kann nicht die Rede sein; denn es genügt nicht, wie die meisten der Salafisten, manche Reformer und Modernisten gleich einem trotzigen Kind meinen, einfach die Tradition abzulehnen. Man dürfte doch wenigstens dabei erwarten, dass sie die Tradition kennen, die sie abzulehnen bemüht sind. Wie kommen wir aber in der Gegenwart an, sodass sich der große und großartige ägyptische Gelehrte Hassan Hanafi heute ernsthaft nach einem islamischen Descartes und einem islamischen Feuerbach sehnt? Die Sehnsucht wirkt deshalb etwas absurd, weil die islamische Welt, falls es so etwas überhaupt gibt, kein eigenes und abgetrenntes Universum darstellt. Das ist vor allem für die europäischen Muslime sehr gut spürbar. Wir partizipieren, prägen und gestalten die europäische Gesellschaft, unsere europäische Gesellschaft, nicht nur im kulinarischen Bereich. Ich bin nicht in einem Augenblick ein gläubiger Muslim, in einem anderen Dichter und in einem ganz anderen ein deutscher Philosoph. Wir sind als Person ost-westliche Diwane. Ich kann mir mein Leben nicht ohne den Koran, die Gedichte von Rumi, ohne Abu Hanifa, aber auch nicht ohne Rilke, ohne Nusrat Fateh Ali Khan, Camille Claudel, Marlon Brando als Vito Corleone und ohne Hegel vorstellen. Aber warum ausgerechnet Hegel? Hegel ist kein beliebiger Name. Mit seinem Namen ist die Vollendung eines Paradigmenwechsels verbunden, der mit der Neuzeit begonnen hat. Hegel ist nicht nur der herausragende Vertreter des deutschen Idealismus, der systematische Denker, der die »Gedanken Gottes vor der Schöpfung« darzulegen überzeugt war; Hegel ist ein Ungeheuer, der das Denken auf den Kopf stellte, indem er den Verstand (*ratio*) und die damit einhergehende bipolare Logik in ihre Schranken wies. Hegel ist ein Ungeheuer, weil er den von Aristoteles prinzipiell für unberührbar erklärten Widerspruch enttabuisierte. Hegel zeigt, dass das Denken nicht den Widerspruch vermeiden muss, sondern das wahrhafte Denken wird vom Widerspruch getragen. Wenn Aristoteles mit einer Zeitmaschine gereist wäre, um einige offene Rechnungen zu begleichen, hätte er sicher auf dem Weg zu Newton, den er gewiss so behandelt hätte wie Michael Corleone den Herrn Moe Greene, Hegel besuchen wollen. Mit Hegel ist also das Denken, philosophisch wie theologisch, auf einen anderen Boden gestellt. Und es gibt kein Zurück mehr. Hegels Denken heißt zugleich Versöhnung, keine einfache, naive Versöhnung; vielmehr spricht Hegel von einer umfassenden Versöhnung, die zugleich Zerstörung ist. Ich war noch nie auf der Suche nach einem Wissen, das trocken, verstaubt und fremd war, womit man sich zwar schmücken kann, das aber existenziell bedeutungslos ist;

ich suchte stets nach einem Selbstverständnis, meine Vergangenheit verlangte in mir nach Erklärung. In Hegel ist mir ein Mensch begegnet, der all das denkt, wovon mein Leben handelt; er denkt das Scheitern, das immerwährende Exilieren, womit ich Versöhnung finde. Bei Hegel wird die Einsicht offenbar, dass jeder Begriff wie ein Flüchtling erst vom Ende her, aus der Erinnerung her sich begreifen kann. Er entflieht nicht einfach aus seiner Heimat; Hegel lehrt, dass wir zu unserer Heimat hin flüchten und immer und immerfort dabei scheitern. Weil die Flucht in Wahrheit eine Flucht vor dem eigenen Selbst ist. Die Intensität der Hegel'schen Philosophie bewegt mich in diesem Sinne existenziell. Der Widerspruch, an dem sich Aristoteles nicht die Finger verbrennen wollte, ist bei Hegel die »Wurzel aller Lebendigkeit und Pulsation«, wie er selbst einmal schrieb. Die bis auf die Knochen von Aristoteles geprägte islamische Theologie und Philosophie, die sich über vier Jahrhunderte auf dem Boden einer verstandesmäßigen Denkweise etabliert hat, kann nicht einfach überwunden werden. Die islamische Tradition muss zunächst ihre eigene Geschichte verwinden, verschmerzen. Hegel wird niemals Aristoteles ersetzen können. Doch er scheint mir für das Verschmerzen meiner islamischen Denktradition derjenige zu sein, der als ein *anderer Lehrer* fungieren kann.

Während meines ganzen Studiums war auf meinem Schreibtisch an eine Plastik von Aristoteles angelehnt ein Zettel mit den Worten von Hegel zu lesen: »Was wäre denn sonst der Mühe wert zu begreifen, wenn Gott unbegreiflich ist?«

14. Theologie und Sehnsucht

»Die Quelle des Ideals ist der heiße Durst nach Ewigkeit, die Sehnsucht nach Gott, also das Edelste unsrer Natur.«
Friedrich Schlegel

Ich fragte mich schon in meiner Jugend, was den Islam eigentlich auszeichnet. Warum bin ich Muslim? Wie ist das Gott-Mensch-Verhältnis im Islam verfasst? Spätestens als ich damit begann, mich mit den anderen Religionen, insbesondere mit dem Christentum, zu beschäftigen, ließ mich die Frage nicht los. Die prägendsten Stunden meiner Studienzeit verbrachte ich in einem ziemlich kleinen, rechteckigen Raum im obersten Stock des Kollegiengebäudes I der Universität Freiburg. Dieser Raum ist vornehmlich mit Büchern und italienischen Weinflaschen geschmückt. Bücher, lose Blätter, Plastiken und immer wieder Weinflaschen greifen ineinander, und ihre Unordnung hat Stil. Die Komposition der Bücher – alte, seltene Ausgaben – scheint einer ganz eigenen Ordnung zu folgen; auf der linken Seite des Raumes, an eine bibliophile Augustiner-Ausgabe angelehnt, ist eine rabbinische Weisheit eingerahmt: »Es gibt nichts Ganzeres als ein gebrochenes Herz.« Hinter den Bücherstapeln sitzt in einem klassischen

Dreiteiler mit tiefen, übernächtigten Augen Professor Bernhard Uhde. In seinem Büro, das er zurecht als sein Wohnzimmer bezeichnet, habe ich mehr Zeit verbracht als in irgendeinem Seminarraum. Er gehört zu jenen ungewöhnlichen Menschen und Gelehrten, die einem sehr selten und eigentlich nur im äußersten Glücksfall im Leben begegnen. Wie sehr auch Wilhelm von Humboldt totgesagt wird, indem man die Universität mehr und mehr zu einer eigentümlichen »Hochschule« verwandelt, ist er in Bernhard Uhdes Gegenwart lebendig. »So viel Welt wie möglich in die eigene Person zu verwandeln, ist im höheren Sinn des Wortes Leben«, schrieb einst Humboldt. Die Begegnung mit dem Christentum hat mich bereichert. Je mehr ich mich mit den fundamentalen Fragen der christlichen Theologie befasste, umso mehr musste ich mit meiner eigenen Religion hadern. Selbst theologische Positionen wie die Trinität und die Christologie, die mit den Prinzipien des Islam unvereinbar sind, faszinierten mich in ihrer logischen Plausibilität. Die Authentizität von Bernhard Uhde ermöglichte es mir, dass ich das Christentum nicht als triumphierend wahrnahm, sondern als Herausforderung. Allmählich begann in mir eine eigentümliche Art des interreligiösen Dialogs. Nicht diese Art Dialog, bei dem es um Ess-, Trink- und Kleidungsvorschriften geht. Wäre es um Informationsaustausch gegangen, hätte ich auch ein Einführungsbuch über die andere Religion lesen können. Es sollte auch kein Beitrag zur Integration sein, wenn man die Theologie nicht als eine kreative Möglichkeit des Integrationskurses an der Volkhochschule begreift. Vielmehr spürte ich immer mehr die Sehnsucht nach dem Verständnis meiner eigenen Religiosität. Geht es denn nicht darum, seiner eigenen Religion gewahr zu werden – im Dialog? Mit einem Wort: seine eigene Religion zu verstehen im Angesicht des Anderen, ja aus dem Anderen heraus. Dadurch ist der Dialog nicht eine Plattform, auf der man den Anderen belehrt und bestenfalls auch das Andere kennenlernt; vielmehr ist der Dialog bereichernd, da man in der Auseinandersetzung mit dem Anderen seine eigene Religion besser begreift.

Der interreligiöse Dialog ist aus islamsicher Perspektive kein modernes Phänomen. Der Islam begreift sich nicht als eine einzige und absolute Religion. Hingegen erringt der Islam seine Identität erst aus einer kommunikativen Auseinandersetzung mit dem Judentum, Christentum, den Polytheisten, Atheisten oder gar Antitheisten. So dürfte es nicht überraschen, dass im Koran all diese Adressaten direkt angesprochen werden. Der Koran ist kein Eigentum der Muslime und schon gar nicht die monotone Ansprache eines selbstgefälligen Gottes. Vielmehr entspringt der Islam gleichsam einem inneren interreligiösen Dialog. So versteht sich der Islam als *ein* gerader Weg in stetiger Überprüfung und stetigem Dialog mit den anderen *Wegen*; dass nun diese Überprüfung des eigenen Weges, dass dieser Dialog nicht gewaltsam, sondern *vernünftig* und vor allem *schön* realisiert werden soll, wie der Koran nahelegt, versteht sich von selbst. Im Koran heißt es: »Streitet mit den Leuten der Schrift nie anders als auf eine schöne Art« *(Koran 29:45)*. Religiöser Pluralismus bedeutet keinen bloßen Relativismus, dass jede(r) recht habe. Die Wahrheit ist nicht exklusiv; für mich ist meine Frau die schönste Frau der Welt; das heißt aber nicht, dass ein anderer nicht seine eigene Frau, sondern unbedingt meine Frau als solche betrachten darf.

Bezeichnend für die islamische Perspektive ist, dass die Religion des Islam nicht das Nebeneinander, sondern das Miteinander fordert. Das Miteinander-Streiten um die Wahrheit, um sich zu kennen, den anderen zu verstehen und miteinander zu lernen. Es ist jedoch notwendig, zu erkennen, dass keine Religion Besitzer der absoluten Wahrheit ist, sondern – wenn überhaupt – Anteil an ihr hat, solange sie nicht im Namen Gottes, sondern in Verantwortung vor Gott handelt als *ein* gerader Weg.

Wie kann aber dieser Dialog in unserer Gegenwart gelingen? Dialoginszenierungen können sehr langweilig sein; denn diejenigen, die ohnehin den Willen besitzen, miteinander zu sprechen, benötigen den Dialog am wenigsten. Der Dialog beginnt zunächst intern, in mir selbst. Ist nicht hier der wahre Ort der Universität zu entdecken? Nicht die Vorlesungen und die Bücher, in denen sich mehr Eitelkeit als Gelehrsamkeit befindet, müssen unbedingt das Universitäre ausmachen; vielmehr ist die Figur des Dozenten zentral, als er – wie es bei meinem katholischen Lehrer der Fall war – die Sehnsucht bei den Studierenden entfachen kann, sich zu einem autonomen Individuum und Weltbürger zu erziehen, wie es das Bildungsideal Wilhelm von Humboldts vorsieht. Ein autonomes Individuum soll eben ein Individuum sein, das Selbstbestimmung und Mündigkeit durch seinen Vernunftgebrauch erlangt, unabhängig von seiner ökonomischen und kulturellen Sozialisation. Zum Weltbürger werden heißt, sich mit den großen Fragen, die auch und gerade in der islamischen Geistesgeschichte auf dem höchsten Niveau der Wissenschaft thematisiert wurden, auseinanderzusetzen: sich um Frieden, Gerechtigkeit, um das Selbst-, Welt- und Ursprungsverständnis, um den Austausch der Kulturen, um andere Geschlechterverhältnisse oder um die Beziehung zur Natur zu bemühen. Die universitäre Bildung, vor allem dann, wenn der einfache Glaube, wenn die Religiosität zur Wissenschaft avanciert, soll jene Bedingung erfüllen, die das Alpha und Omega jeder Wissenschaft ist: die Freiheit. So schrieb Wilhelm von Humboldt im Jahre 1792: »Der wahre Zweck des Menschen, nicht der, welche die wechselnde Neigung, sondern welche die ewig unveränderliche Vernunft ihm vorschreibt, ist die höchste und proportionierlichste Bildung seiner Kräfte zu einem Ganzen. Zu dieser Bildung ist Freiheit die erste und unerlässliche Bedingung.«

Es ist bemerkenswert, dass zu dieser ganzheitlichen Bildung, die selbstbestimmt und in Mündigkeit erfolgen soll, der »Muslim« und die »Muslimin« in Deutschland lange Zeit nicht dazugehörten; und es ist erfreulich genug, dass der Wissenschaftsrat Ende Januar 2010 endlich die Empfehlung aussprach, an mehreren universitären Standorten in Deutschland Zentren für Islamische Theologie und Islamische Studien einzurichten. Wie sehr Theologie und Politik mit- und ineinander verwoben sind – man denke nur an Baruch Spinozas *Theologisch-Politischen Traktat* – und wie sensibel ihr gegenseitiges Verhältnis zu bestimmen ist, zeigt sich darin, dass eine islamische Theologie nicht von heute auf morgen aus dem Boden wachsen kann.

Was soll das sein – eine »islamische Theologie«? Ist das überhaupt eine adäquate Bezeichnung? Ich habe mich entschieden, dem Ruf der Universität Münster zu folgen, weil ich die Frage »Was ist die islamische Theologie?« selbst für eine *theologische* Frage halte. Sie kann auch politisch gedacht werden, indem man die Frage so versteht: Welche Theologie wollen wir an den deutschen Universitäten kreieren? Was hat man von der islamischen Theologie? Welche Erwartungen sind damit verbunden? Die Fragen können sehr legitim sein, aber ich sehne mich nach dem inneren Prozess. Mit jungen, kritischen und zutiefst gläubigen Musliminnen und Muslimen über Glaubensfragen gemeinsam nachzudenken macht mir unendlich Freude. Die Religion in diesem Dialog zu entziffern ist eine kreative Tat. Was heißt es, ein Muslim zu sein in unserer Gegenwart? Was tue ich, wenn ich glaube? Wie lässt sich der Glaubensakt vermitteln? Islamische Theologie bewahrheitet sich dadurch, dass sie in historischer und systematischer Hinsicht die Fragen ihrer Zeit im Angesicht Gottes und seiner Offenbarung zum Begriff bringt, indem sie vermittelt ist, vermittelt durch ein autonomes und freies Subjekt, vermittelt nicht nur in ihrer eigenen Binnenstruktur, sondern vermittelt auch durch die Orientalistik und Islamwissenschaft, die den Islam von einer Außenperspektive her beschreiben, aber auch durch den islamischen Religionsunterricht. Die Einführung der *islamischen Theologie* in Deutschland ist von historischer Bedeutung, und sie wird eine Erfolgsgeschichte sein. Wie man auch aus der Genese der anderen Theologien lernen kann, benötigt sie Zeit und eine ruhige Hand. Um nicht politisch instrumentalisiert zu werden, besteht ihre wichtigste Bedingung darin, sich inhaltlich autonom zu gestalten. Erstens: Eine jede theologische Frage muss, und darin liegt ihre immanente Notwendigkeit, darauf ausgerichtet sein, argumentativ einsehbar zu sein, d. h. letztlich, dass sie nicht in letzter Instanz auf eine Autorität zurückgeführt wird. Zweitens: Eine jede theologische Frage muss aus der Genese ihrer eigenen Geschichte, ihrer tradierten Überlieferung heraus nachvollziehbar sein. Die islamische Geistesgeschichte ist facettenreich; weder lässt sie sich auf eine Disziplin reduzieren noch sind die jeweiligen Wissenschaften derart einzugrenzen, dass die einzelnen Bereiche abgeschlossen nebeneinander einzuordnen wären, wie einst Andronikos von Rhodos die Schriften von Aristoteles neben- und nacheinander aufgestellt hat. Nicht nur die tradierten Schriften der islamischen Tradition geben Zeugnis davon, auch ihre prägenden Gelehrten verkörpern sowohl in ihrer Grundausbildung als auch in ihrer intellektuellen Arbeit eine reiche Vielfalt; dabei sind Ibn Sina (Avicenna), Ibn Ruschd (Averroes), al-Ghazzali, Ibn al-Arabi, Rumi und Iqbal nur einige Beispiele. Die Rezeption und Weiterführung der platonischen und aristotelischen Tradition sind sowohl in methodischer als auch in inhaltlicher Hinsicht mit gleicher Intensität philosophisch und theologisch aufgenommen worden. Selbst die Grundzüge der islamischen Mystik sind schwerlich denkbar ohne die fruchtbare Rezeption der neuplatonischen Tradition. Islamische Theologie kann keinesfalls als eine Wissenschaft auftreten, die das tradierte Wissen bloß verwaltet und konserviert. Diese antiquarische Sicht verkennt das Vermögen, welches dieser Wissenschaft in ihrer eigentümlichen Dynamik innewohnt.

Diese Herausforderung nimmt die islamische Theologie an, indem sie im selben Atemzug den Glauben und die damit zusammenhängenden Gegenstände im Denken, also mit dem Vermögen der kritischen Vernunft, zu erringen versucht. Originell ist die islamische Theologie deshalb, weil sie nicht einfach die christliche Theologie nachahmt. Muslime denken ihren Glauben selbstbestimmt. Sie sind verstrickt in ihrer eigenen Tradition – in Traditionen, die selbst mit dem Judentum und Christentum in Kommunikation standen und stehen. Der Glaube bleibt uneinholbar; aber der Versuch, diesen Glauben vernehmbar zu machen, zeichnet die islamische Theologie aus.

Ich sehe die islamische Theologie nicht als eine Plattform, die es dem Islam ermöglicht, seine Aufklärung verspätet nachzuholen. Der Islam benötigt keine Aufklärung, wie sehr auch diese Einsicht enttäuschen mag; denn der Islam funktioniert einfach anders. Die Aufklärung im Abendland vollzog sich nicht als ein politischer Auftrag, sondern als ein intellektueller Prozess, der sich aus der inneren Einsicht in die gesellschaftliche und religiöse Verfasstheit der abendländischen Kultur entwickelte. Der Islam ruht aber auf einem anderen Fundament. Der religiöse Prozess basiert nicht auf einem mythischen Glauben; er ist auch nicht dogmatisch oder autoritär geprägt, er sollte nicht durch die Ratio geläutert werden, um eine Art Vernunftglauben hervorzubringen. Der religiöse Weg der Muslime, ihre Glaubenslehre, vollzieht sich nicht außerhalb oder jenseits der Rationalität, um später dann von ihr zurechtgerückt zu werden; vielmehr beginnt der religiöse Weg der Muslime als ein Weg der Erkenntnis mit dem Verstand, der dann durch den Glauben in seiner Begrenzung aufgeklärt wird. Der Gegenstand des Glaubens im Islam ist für den Verstand kategorisch nicht einsehbar. Nehmen wir den entscheidenden Gegenstand des Glaubens der Muslime: den einen Gott. Gott ist deshalb kein Gegenstand des Verstandes, weil der Verstand immer nur endliche, weltliche Dinge erfassen kann. Nicht weil Gott über den Verstand hinausgeht, ist er kein Gegenstand des Verstandes; vielmehr sieht der Verstand ein, dass dieser »Gegenstand« – wie auch alle anderen Gegenstände des Glaubens – gegen den *Satz vom ausgeschlossenen Widerspruch* verstößt, indem er sich schlicht widerspricht. Gott ist nicht bloß außerhalb der Welt. Von einem wie auch immer gearteten »Außerhalb« in Bezug auf Gott zu sprechen ist schlicht sinnwidrig. Gott überschreitet die Grenzen der Welt und der Endlichkeit, und doch ist er in der Welt, in der Endlichkeit gegenwärtig. Im Koran ist zu lesen: »Und Wir sind ihm näher als die Halsschlagader« *(Koran 50:16)*. Eine derartige »Denkfigur« ist für den Verstand unzulässig und daher undenkbar. Insofern stößt der Verstand an seine Grenzen, und doch ist er konstitutiv für die Glaubenslehre der Muslime. Was sagen aber Muslime, wenn sie behaupten, dass sie an den einen Gott *glauben*? Der Glaube verweist auf ein anderes Erkenntnisvermögen, wodurch die Muslime ihrer Bindung zu Gott mit dem Akt des Glaubens Ausdruck verleihen. Ich halte mit dem Herzen (arab. *qalb*) für wahr, was mir durch die Offenbarung vermittelt wurde. Dieses Für-wahr-Halten (arab. *taṣdīq*) geschieht mit dem Herzen. Weit davon entfernt, bloß eine Metapher zu sein, liegt im Herzen die höchste Erkenntnisform, die das eigentümliche Vermögen besitzt, das Unbedingte, ja den Widerspruch zu erfassen. Gott erobert im Islam das Herz des Menschen; denn der Koran ist ein ästhetisches Ereignis. Demnach ereignet sich die Offenbarung in einem ästhetischen Akt, Gottes Gegenwart wird mit dem Koran sinnlich vermittelt. Wird mit dem Koran die Gegenwart Gottes geoffenbart, so ist diese Offenbarung nicht greifbar. Der Koran wird nämlich nicht derart vernommen, dass er sich vergegenständlicht, sodass man seiner habhaft werden würde, über ihn verfügen könnte. Da die Offenbarung sich in dem Augenblick, in dem sie sich ereignet, zugleich entzieht, ist sie für den Verstand nicht begreifbar; sie wird geglaubt. In diesem Sinne ist der Islam eine Religion der Aufklärung.

Der Glaubensakt handelt von der Bindung des Menschen zu Gott, der zugleich als ein Akt der Liebe zu verstehen ist. So spricht Gott im Koran: »Er liebt sie, und sie lieben Ihn« *(Koran 5:54)*. Die Offenbarung kann demnach als die Liebeserklärung Gottes an die Menschen begriffen werden. Die Verhältnisbestimmung ist nicht mit dem »Don-Corleone-Prinzip« zu verwechseln; als sich der Bestatter Amerigo Bonasera an Don Corleone wendet, um Gerechtigkeit für seine vergewaltigte Tochter zu erlangen, fordert Don Vito von ihm keine Hingabe, sondern die totale Unterwerfung. Dabei avanciert Don Corleone in der Tat zu einer göttlichen Instanz: »Wenn wir Gerechtigkeit wollen, müssen wir zu Don Corleone gehen«, sagt Bonasera. Der Pate (engl. *The Godfather*) wird explizit nicht als

Rächer oder Mörder angesprochen, sondern als derjenige, der für die ausgleichende Gerechtigkeit sorgen soll, nachdem die weltliche Gerechtigkeit, also das Gericht, nur eine Teilgerechtigkeit geleistet hat. Bonasera, zu einem zitternden Häufchen Elend zusammengeschrumpft, fleht Don Corleone mit den Worten an: »›Ich bitte Sie um Gerechtigkeit.‹ Don Corleone erwiderte scharf: ›Das Gericht hat dir Gerechtigkeit gegeben.‹ Bonasera schüttelte trotzig den Kopf. ›Nein. Es hat dem Jungen Gerechtigkeit gegeben. Mir hat es keine Gerechtigkeit gegeben.‹« Doch er war blind für den Paten: »Warum bist du zur Polizei gegangen? Warum bist du nicht gleich zu mir gekommen?«, sagt Don Corleone. »Du hast in Amerika das Paradies gefunden«, fährt der Pate fort, um ihn daran zu erinnern, dass er bis dahin nicht an ihn, sondern an Amerika geglaubt habe, wie auch Francis Ford Coppola die Filmtrilogie mit den entscheidenden Worten Bonaseras beginnen lässt: »Ich glaube an Amerika.« Der Glaube an den Paten fordert hingegen Gehorsam und vor allem Gegenleistung. Auch der Glaube an Gott ist keine leere Aussage, er verlangt den Gläubigen viel ab, aber anders als bei Don Corleone ist die Beziehung zu Gott nicht kalkulierbar – sie ist unberechenbar, weil sie wesentlich eine Liebesbeziehung ist. »Gut«, sagt der Pate, »du sollst Gerechtigkeit haben. Eines Tages, und dieser Tag wird vielleicht niemals kommen, werde ich dich bitten, mir dafür einen Gefallen zu tun.« Der Pate als Gebieter über Leben und Tod sieht und weiß alles, was er auch Bonasera spüren lässt: »Du gehst zu Gericht und wartest monatelang. Du gibst viel Geld für Anwälte aus (…). Vor vielen Jahren, als du Geld brauchtest, bist du zu den Banken gegangen, hast enorme Zinsen gezahlt, hast mit dem Hut in der Hand wie ein Bettler gewartet, während sie geschnüffelt haben, um sich nur ja zu vergewissern, dass du das Darlehen zurückzahlen kannst (...). Wärst du aber zu mir gekommen ...«

Ist die Liebe die Quelle aller Bewegung und Pulsation, dann allein als jener Widerspruch, so könnte man mit Hegel sagen, der uns trägt, gerade weil wir nicht über sie verfügen. Wir verfügen nicht über unsere Liebe, wir verfügen nicht über unseren Glauben. Wenn es auch rationale Gründe für den Glauben (oder die Liebe) geben mag, wird es nicht rational einsehbar sein, warum ich überhaupt glaube. Wäre nicht sonst auch der Sinn einer Offenbarungsreligion hinfällig? Der Islam ist als Hingabe die Religion der Liebenden, wie es der Dichter Rumi sagen würde; ich bin gern Muslim, weil die Wahrhaftigkeit des Islam in seiner Schönheit verborgen ist.

Der Mensch kann sich nicht in den Glauben versetzen, sondern der Glaube überfällt ihn. Kurz: Wer liebt oder wer glaubt, der muss verrückt sein, von Sinnen und im tiefsten Kern des Wortes berauscht; denn die Sehnsucht, die aus der Liebe atmet, gleicht – wie sie bereits Platon unnachahmlich im Dialog *Symposion* beschreibt – jenem Rausch, der unbändig nach Erfüllung trachtet. So überrascht es nicht, wenn der persische Dichter Nezami in seinem unübertrefflichen Epos *Leila und Madschnun* das Ereignis der Liebe als Rauschzustand mit den Worten beschreibt: »Ein Schenke war gekommen, und er hat bis zum Rand ihre Becher gefüllt. So haben sie getrunken, was eingeschenkt war. Sie sind Kinder gewesen, und sie haben den Trunk nicht gekannt. Was Wunder: Er hatte sie berauscht, und schwer ist der Rausch vom ersten Wein!« Hierbei ist es bedeutsam, dass sie als Kinder in den Rausch versetzt werden, um in aller Entschiedenheit zu markieren, dass die Liebe nicht das Ergebnis eines wie auch immer gearteten Kalküls ist, also qua ratione erfolgt; vielmehr zeigt sich im Rausch die Liebe als jene Besessenheit, in deren Gegenwart Madschnun, der eine Protagonist in diesem Liebesepos, für alles Weltliche erblindet und taub wird. Die Liebe ist aber nicht bloß ein Mittel, um dem Ganzen zu entsagen; die innere Trunkenheit ist vielmehr mit einer tiefen Erkenntnis verbunden, die allein mit der Liebe erlangt wird. Madschnun erkennt gerade explizit in seinem Liebesrausch die Heimsuchung, der das Seiende im Ganzen nicht entrinnen kann: die Vergänglichkeit. Der Wein der Liebe lässt die Vergänglichkeit, dass alles scheitert, vergessen; die Insel des Rausches heilt den Liebenden und am Wein der Liebe gehen wir womöglich zugrunde. Bernhard Uhde hat mein Wort, dass ich einst einen Becher Rotwein trinken werde; es gäbe »einen seltenen italienischen Rotwein«, so der Meister, der »ein indirekter Gottesbeweis« sei.

Keine Frage, die theologischer Natur ist, gilt für immer beantwortet. Zumal eine jede Frage erst aus dem Kontext ihrer Zeit verstanden werden kann. Hinzu kommt, dass unsere Zeit uns mit Fragen konfrontiert, die zuvor nicht gestellt wurden, unsere Zeit fordert die Muslime in ihrem Glauben derart heraus, dass sie sich und das Ganze überhaupt erneut bestimmen müssen. Das ist das Reizvolle an dieser Wissenschaft. Ihre Bestimmung ist nicht bloß, die einzelnen Gebiete und Disziplinen zu vereinigen, den Glauben mit dem Verstand und dem Herzen in Berührung zu setzen. Sie will auch endlich das Verhältnis zwischen Gott und Mensch beseelen. Damit umfasst sie alles, was als Ausdruck des Religiösen dargestellt werden kann, vom Größten und Erhabenen bis zu dem letzten Seufzer des Sterbenden. Sie kann sich derart in katechetischen Bestimmungen verlieren, dass man fast annehmen möchte, Verbotenes von Gebotenem zu unterscheiden sei ihr Ein und Alles; sie vermag aber auch das religiöse Leben in seiner umfassenden Komposition derart darzulegen, dass das Zusammenspiel zwischen der Offenbarung und dem Glauben der unendlichen Distanz des Schöpfers zu seiner Schöpfung als gegenseitige Sehnsucht einen fruchtbaren Sinn verleiht. Insofern ist die islamische Theologie der höchsten und umfassendsten Bildung fähig; indem sie das Leben im Spiegel des Ganzen organisiert und das Fenster zum Grenzenlosen öffnet. Die islamische Theologie mag vollständig gegliedert sein, wie sie durch den großen Gelehrten Muhammad al-Ghazzali bereits im 12. Jahrhundert vorzüglich systematisiert wurde, aber »sie ist noch im Werden«, wie Friedrich Schlegel im *116. Athenaeum-Fragment* für die romantische Poesie feststellt; »ja das ist ihr eigentliches Wesen, dass sie ewig nur werden, nie vollendet sein kann. Sie kann durch keine Theorie erschöpft werden, und nur eine divinatorische Kritik dürfte es wagen, ihr Ideal charakterisieren zu wollen.« Ihr Vollzug ist endlos: Endstation – Sehnsucht.

Abspann

Wie lässt sich unsere Welt beschreiben, wenn man sie aus den Augen der Kinder, der afghanischen Kinder, zu entziffern versucht? Kinder haben keinen militärischen Blick; doch afghanische Kinder leben auf der Flucht, vor allem auf der Flucht vor dem Tod. Entweder haben sie keine Eltern mehr, oder aber ihre Eltern befinden sich auch auf der Flucht, auf der Flucht vor sich selbst. Kinder, die in der Gegenwart des Todes leben, sind nicht mehr Kinder, sind nicht mehr kleine Fischlein. »Wenn die Haifische Menschen wären«, schrieb Bertolt Brecht, »würden sie natürlich auch untereinander Kriege führen« und »andere Fischlein, feindliche« töten. »Jede Seele kostet den Tod«, ist im Koran (3:185) zu lesen, aber »hört man ihn überhaupt, wenn er sich ereignet?«, fragt Bobby Baccala auf einer Bootsfahrt Tony Soprano. Der Tod ist nicht zu hören. Neun Sekunden Stille; neun Sekunden ist der Bildschirm einfach schwarz. Mit dem Tod beginnt die Filmtrilogie *Der Pate* und mit ihm endet die Serie *Die Sopranos*. Tony Soprano sitzt mit seiner Frau und seinem Sohn bei einem Dinner. Seine Tochter schafft es endlich zu parken und eilt über die Straße, um ins Restaurant zu gelangen. Soprano hört die Klingel der Eingangstür, er blickt hin, dann mündet alles in der Dunkelheit – neun Sekunden Stille. Was bleibt, sind die »Erinnerungen an die guten Zeiten«, wie Tony Soprano in einem stillen Augenblick seiner Familie sagt. »Unsere Kinder, unsere Kinder werden sich erinnern«, hören wir von Marlon Brando in *Der letzte Tango in Paris*, unmittelbar bevor der Tod ihm seinen Atem raubt.

Am Grunde des Meeres schlafen die Fische; sie sind nicht alle gleich; es gibt große Unterschiede zwischen den ruhenden Fischen; aber Fische hören nicht, wenn sie schlafen, dann ist alles still und schwarz.

Die letzten Worte, die Tony Soprano vor der Stille hört, kommen aus einer Musicbox und stammen von Journey: »Don't stop« – das Wort »believing« ist nicht mehr zu hören.

Danksagung

Wenn es vorkommen soll, dass man Bücher dafür schreibt, um Danke zu sagen, dann ist das vorliegende Buch ein solcher Versuch. Meinen Eltern danke ich für all das, was sich nicht in Worte kleiden lässt. Ihr Mut und ihre Selbstlosigkeit sind mir ein Vorbild. Ich danke meiner Frau Nicole, dass sie mit ihrer Liebe meine verlorene Heimat geworden ist.

Mein besonderer Dank gilt dem Verlag Herder, insbesondere Herrn Dr. Patrick Oelze für das Vertrauen und die Ermutigung zu diesem Buch. Allen voran sei meinem Lektor Herrn Dr. German Neundorfer gedankt, der mit großer Sorgfalt und Akribie die Entstehung des Buches begleitet und ermöglicht hat. Bedanken möchte ich mich vor allem auch bei Frau Mariam Sarwary, die mit ihren Anregungen und ihrer Kritik das Buch bereichert hat.

Besonders danke ich Frau Anne Herdt, meiner ersten Deutschlehrerin, dass sie meine Liebe für die deutsche Sprache zu verschulden hat. Frau Susanne Erker, Frau Ute Sucker und Herrn Karl-Heinz Köhler danke ich herzlich, dass sie mit vorzüglicher Sorgfalt meine Schulzeit begleitet und geprägt haben. Über die Lehre hinaus ist es ihre Menschlichkeit, auf die ich mit Dankbarkeit zurückblicke. Mein besonderer Dank gilt ferner Herrn Andreas Hodeige, Herrn Manuel Herder, Herrn Lukas Trabert, Herrn Prof.

Dr. Mouhanad Khorchide, Herrn Rainer Lind, Herrn Andreas und Paul Remmel, Frau Angela Muros und Herrn Rafik Schami, dass sie mich mannigfach unterstützt und mit ihren Gesprächen und Anregungen stets bereichert haben.

Ganz herzlich möchte ich mich bei all den besonderen Menschen, die mich vor allem auch in manchen schweren Stunden begleitet und unterstützt haben oder einfach nur an meiner Seite waren, bedanken, besonders bei Amsal Alihodiz, Felicitas Pommerening, Thomas Jürgasch, Torang Sinaga, Andreas W. Kirchner, Eren Güvercin, Melanie Panzer, Thomas Heid, Claudia Neubauer und bei Sineb El Masrar.

Münster im August 2013 *Ahmad Milad Karimi*

24
30
37 Krieg